देवव्रत भीष्म

(Devavrat Bhisma)

डॉ.ओम प्रकाश यादव

Copyright © 2018 Dr OM Prakash Yadava

All rights reserved.

ISBN-13: 978-1727620368
ISBN-10 : 1727620364

डॉ.ओम प्रकाश यादव

समर्पण

पितामह भीष्म महाभारत काल के सर्वश्रेष्ठ चरित्र हैं,जिसको समझना आसान कार्य नहीं है,उनका चरित्र मेरे लिये आश्चर्यों का अनंत भंडार प्रतीत होता है। आज की सामाजिक और राजनैतिक परिस्थितियों ने मुझे प्रेरणा दी कि उनका पुनर्मूल्यांकन करूँ। मैं उन सभी का कृतज्ञ हूँ जिनेहोंने मुझे इस विवेचन के लिये प्रेरणा दी है।

विषय वस्तु

	प्रस्तावना	IV
1	प्रथम सर्ग-संताप	1
2	द्वितीय सर्ग-पितृ-प्रेम	19
3	तृतीय सर्ग-गुरुकुल	35
4	चतुर्थ सर्ग-प्रायश्चित	49
5	पंचम सर्ग-स्मृतियाँ	67
6	षष्टम सर्ग-महाप्रयांण	93
7	About the Book	99
8	About the Author	101

प्रस्तावना

भीष्म के नाम से विख्यात अपने काल के श्रेष्ठतम महापुरुष,महाभारत के सर्वश्रेष्ठ नायक हैं,जिन्हें गंगापुत्र के नाम से भी जाना जाता है।वे हस्तिनापुर नरेश महाराज शांतनु और देवी गंगा के आठवें पुत्र थे और कुरुवंश के अंतिम दीपस्तम्भ थे;उन्हीं के साथ महान कुरुवंश का अंत हो गया।

वे कौरवों और पांडवों दोनों के ही पितामह थे लेकिन महाभारत समर में उन्होंने अधर्मी कौरवों का साथ दिया था और प्रथम सेनापति के रूप में दस दिनों तक उनके पक्ष का नेतृत्व करते रहे थे।

पितामह अपनी दृढ़ प्रतिज्ञा के लिये जाने जाते हैं,जीवन की हर परिस्थिति में वे अपनी प्रतिज्ञा पर अडिग रहे और किसी भी तरह का प्रलोभन या दबाव उन्हें प्रभावित नहीं कर सका।ऐसा कहा जाता है कि वे पूर्वजन्म में आठवें वसु प्रभास थे तथा पत्नी के अनुराग में डूबे रहते थे।उनकी पत्नी ऋषि वशिष्ठ की धेनु नंदिनी,जो कामधेनु की पुत्री थी,पर मोहित हो गयी

थी और उसे किसी भी प्रकार प्राप्त करना चाहती थी। प्रभास ने अपने सातों भाइयोंके सांथ मिलकर योजनानुसार उसे चुरा लिया था,ऋषि को अपने अंत:ज्ञान से इसका पता चल गया और उन्होंने वसु बंधुओं को मनुष्य योनि प्राप्त करने का शाप दिया था।वसु प्रभास को मनुष्य रूप में पत्नीसुख से वंचित रहने का भी श्राप दिया था।

आठों वसुओं ने माँ गंगा से अपनी श्रापमुक्ति की प्रार्थना की थी,जिसके कारण वे महाराज शान्तनु की पत्नी बनीं और पुत्ररूप में वसुओं को प्राप्त कर उन्हें मुक्ति दे रही थीं लेकिन आठवें व अंतिम वसु को मुक्ति नहीं दे पायीं और उन्हें देवव्रत भीष्म के रूप में पत्नी के साहचर्य से वंचित एकाकी जीवन जीना पड़ा।

देवव्रत के रूप में माँ गंगा के कारण उन्हें उस काल के श्रेष्ठतम गुरुओं से शास्त्र और शस्त्र की शिक्षा प्राप्त हुयी थी और वे उस काल के महानतम ज्ञानी व शस्त्रज्ञ व्यक्ति थे।उन्होंने अपने पिता की प्रसन्नता के लिये प्रतिज्ञा ली थी कि वे आजीवन अविवाहित रहेंगे और हस्तिनापुर की रक्षा करेंगे।उन्होंने अपनी प्रतिज्ञा

को दृढ़तापूर्वक निभाया जिसके कारण उनका नाम भीष्म पड़ा।

भीष्म का जीवन त्याग एवं तपस्या का जीवन था लेकिन ज्ञानी और वीर होने के साथ ही उनका जीवन विसंगतियों से भरा हुआ है और उनके द्वारा किये गये बहुत से कार्य ऐसे हैं जो न्याय एवं धर्म की सीमा से परे हैं।धर्म और सत्य का उपासक होते हुये भी वे धर्म पथ का साथ नहीं दे सके और अधर्मी एवं अन्यायी कौरवों का ही साथ देते रहे,महासमर में भी।हाँ इतना अवश्य है कि उन्होंने अपने सेनापतित्व में किसी भी तरह का अधर्म नहीं होने दिया।उन्हें यह ज्ञात था कि बिना उन्हें हराये या युद्धभूमि से हटाये पांडव विजय की दिशा में अग्रसर नहीं हो सकते,उन्होंने स्वंय अपनी मृत्यु का मार्ग अर्जुन को बता दिया था।

पितामह एक लम्बी अवधि तक आहत रूप में शरशय्या पर पड़े रहे,पिता द्वारा प्रदत्त इच्छामृत्यु के वर के कारण और भगवान सूर्यदेव के उत्तरायण होने की प्रतिक्षा करते रहे।शरशय्या पर पड़े हुये भीष्म ने जिन पीड़ाओं की अनुभूति की तथा उन्होंने समय-समय पर जो ग़लतियाँ की उन्हें इस पुस्तक में लाने

का प्रयास किया गया है।जो भी हो भीष्म एक युगपुरुष थे और दूसरों की ही भलाई के लिये काम करते रहे।

इस पुस्तक में निष्पक्ष विवेचन सरल भाषा में प्रचलित शब्दों का प्रयोग करते हुये किया गया है। आशा है सुधी पाठकों को अवश्य पसंद आयेगा।

पुणे,भारत   डॉ.ओम प्रकाश यादव
अक्टूबर,२०१८

प्रथम सर्ग- संताप

पड़े हुये शरशय्या पर,
कर रहे थे गणना,
मन ही मन,
अस्सी दिन बीत चुके,
अभी एक पक्ष पूरा बाक़ी है,
भगवान भुवन भास्कर को,
उत्तर-दिशी गामी होने में,
मकर संक्रान्ति आने में,
इस अनंत सी दीर्घ प्रतीक्षा ने,
कष्ट नहीं दिया उतना,
जितना अब पाना है मुझको,
किसी तरह पूरे हों ये दिन,
और मुक्ति मिले मुझको,
इस जीवन से, इस जग से,
और इच्छामृत्यु वर से,
प्राय: भूल चुके थे भीष्म,
जो कुछ कहा कौरवों ने,
जो कुछ कहा पांडु-पुत्रों ने,
महासमर की प्रत्येक रात्रि,
ले चरण-धूलि उनकी,

पर नहीं भूल सके वह रात्रि,
जब अर्जुन रोते-रोते आये थे,
पपौत्र अभिमन्यु के वध का,
पूरा हाल बताये थे;
क्या हो गया गुरु द्रोण को,
क्यों इतना घृणित मार्ग अपनाये,
निहत्थे बालक को मारने,
क्यों सभी महावीर एक साथ आये,
फिर सोचने लगे,
जो कुमार्ग मैंने अपनाया,
लोभ-लालसा से परे होकर,
पर अपनी अनर्थ प्रतिज्ञा से बँध कर,
द्रोण तो गुरु थे दोनों के,
नहीं कोई बन्धन था किसी प्रतिज्ञा का,
क्यों उस मार्ग पर धाये ?
स्मरण आ गया उन्हें,
द्रोण को बना दिया था,
दुर्योधन नें,
इन्द्रप्रस्थ का कार्यकारी शासक,
जब थे पांडव तेरह वर्षीय,
वन-प्रवास में,
राज्य-सुख भोग लिया था ब्राह्मण नें,
जो चुल्लू भर दूध नहीं दे पाया था,
अपने भूखे पुत्र को,

पिपासा जाग उठी थी,
स्यात उसके मन में,
राज्य भोग की,
सुख भोग की,
इसीलिये दुष्ट दुर्योधन के बन गये,
अनुचर,अनुयायी,
और लगे करने अधर्म,
जो कुछ कहा दुर्योधन ने,
माना मैनें भी साथ दिया उसका,
पर अधर्म मार्ग नहींअपनाया,
और नहीं खोया अपनापन,
पांडवों के प्रति;
तभी अचानक याद आ गयी कृष्णा,
द्रुपद-पुत्री याज्ञसेनी,द्रौपदी,
लगा घूमने मस्तिष्क में वह दृश्य,
द्यूत-सभा में लाया था,
दुष्ट दुशासन घसीटते हुये उसे,
पकड़े उसके केशों को,
और करने लगा निर्वस्त्र उसे,
भरी सभा में,
माना धृतराष्ट्र थे अंधे,
गांधारी बनी हुयी थीं अंधी,
पर मैं तो देख रहा था सब कुछ,
क्यों नहीं किया प्रतिकार वहीं,

क्यों नहीं रोक सका वह कुकृत्य,
भरी सभा में कुलवधू को,
निर्वस्त्र होने से,
बन गया क्यों कापुरुष मैं?
स्यात मेरीं माँ ने भाँप लिया था,
मुझमें कुछ ऐसा अवगुण,
इसीलिये त्याग दिया मुझको,
धराधाम पर आते ही,
भर गया मन ग्लानि से,
क्षोभ से ,दुख से,
उपजी घृणा स्वंय अपने पर ही,
सोचने लगे हर अनुचित जो कर्म हुआ,
पांडवों के प्रति,
उत्तरदायी मैं हूँ,
मैनें बाँध लिया स्वंय को,
हस्तिनापुर के राजसिंहासन से,
ले प्रण उसकी रक्षा करने का,
पर भूल गया मैं,
धृतराष्ट्र थे मात्र प्रभारी राजा,
बन बैठे थे शासक,
पांडु की असमय मृत्यु का लाभ उठा कर,
उनका विधिवत राज्याभिषेक था,
कभी हुआ नहीं,

निर्भर थे पूर्णरूपेण मेरी शक्ति पर,
जिसकी स्मिता बेच दी मैंने,
और बन गया दास,
उनकी महत्वाकांक्षाओं का,
मैं सत्य-मार्ग दिखा सकता था,
दुर्योधन की मनमानी रोक सकता था,
पर मारी गयी बुद्धि मेरी,
मैं झुक गया उस नेत्रहीन,
मतिविहीन शासक के आगे,
अपने दुष्ट पुत्र दुर्योधन के संकेतों पर,
जो स्वंय धर्मविहीन हो नाचे;
मेरी जननी भी मुझे क्षमा न कर पायेगी,
मेरे दुष्कर्मों की याद दिला कर,
मुझे रुलायेगी,
मुझे तड़पायेगी,
लानत देगी मुझको,
और कहेगी,
"अच्छा हुआ दुग्धपान नहीं कराया तुमको,
तुम जैसे पुत्र को,
जिसने सदैव नारी का अपमान किया,
मेरी कोख को भी बदनाम किया"।

हाय! क्या किया मैनें,
इतिहास कभी क्षमा न कर पायेगा,
जब भी नाम पितामह का आयेगा,
माना भीष्म-प्रतिज्ञा याद रहेगी सबको,
पर जनमानस बार-बार यही प्रश्न दुहरायेगा,
क्या हो गया था भीष्म को,
भूल गये स्वंय अपनी ही गरिमा,
अपनी ही मर्यादा,
छोड़ दिया धृतराष्ट्र को उन्मुक्त, निरंकुश,
कुछ भी कहने को,
कुछ भी करने को,
जो था ग्रसित एक ही भाव से,
चाहे कुछ भी हो उचित या अनुचित,
गांधारी-पुत्र को सम्राट बनाना है,
क्यों न युधिष्ठिर हो न्यायोचित उत्तराधिकारी,
पर उसे दूर हटाना है।

निशा गहन हो चुकी थी,
पर शरशय्या पर नींद कहाँ थी,
दूर खड़े प्रहरी,
बार-बार अलाव जलाते थे,
सर्दी बढ़ती जा रही थी,
निशा के गहराने से,

आग की ऊष्मा से,
कुछ राहत पाते थे,
एक चलचित्र सा आ गया,
मस्तिष्क में उनके,
उन रातों की,उन दिनों की,
छोड़ पीछे जो वो आये थे,
सताने लगीं वे स्मृतियाँ,जब
दूर कहीं से आ रही थी,
ध्वनि श्रृंगालों के रोने की,
श्वान और माँसाहारी जीवों की,
जो बहुधा लड़ते थे आपस में,
रणभूमि में पड़े शवों को खाने में,
गिद्ध और चील,कौवे भी,
अजीब-अजीब सी ध्वनियाँ करते थे,
भय मिश्रित वेदना उत्पन्न करते थे,
असहाय,असमर्थ पड़े पितामह,
हर पल उनको सुनते रहते थे,
जब मन चेतन होता,
न जाने क्या-क्या गुनते थे,
रणभूमि जा चुकी थी दूर बहुत,
उनकी शरशय्या से,
पर दिन में शस्त्रों की,अश्वों की,
वीरों की,हाथियों की चिग्घाड़,
और शंख-ध्वनि सुनते रहते थे,

जब कभी पाँचजन्य या देवदत्त
की ध्वनि कानों में आती,
तात! पहचान उन्हें लेते थे,
एक और महावीर हत हो गया,
धर्मरथ से निकले तीरों से,
ज्ञात उन्हें हो जाता था,
युद्ध के सत्रहवें दिन,
सूर्यास्त्र से कुछ पूर्व ही उन्हें,
विचित्र सी ध्वनि आई,
जो धरती से अम्बर तक समाई,
तात हो गये दुखी आशंका से,
सूर्यास्त के साथ ही अंत हो गया,
स्यात सूर्य-पुत्र भी,
जिसे बचाने का पूरा प्रयत्न किया था उन्होंने,
और बचाया था दस दिन तक,
जब तक रहे सेनापति वे।

तात! थे दुख के सागर में डूबे,
पुकार रहे थे,
अपनी बुझती, क्षीण सी आवाज़ से,
माँ गंगा को,
सोच रहे थे यदि माँ आ जाये,
उसके स्पर्श मात्र से,

क्लेश कम हो जाये,
पर माँ कहीं दिखी नहीं,
मिली कुछ तो,
माघ माह की शीतलता,
बाणों की चुभन,
दर्द रिसते घावों का,
रक्त की अल्पता,
अनवरत रक्त-स्राव के कारण,
बना चुके थे उन्हें संवेदनहीन,
शरीर हो चुका था सुन्न,
मात्र मस्तिष्क अनुभूति कर रहा था,
खुले गगन के नीचे मिलता है कितना कष्ट,
जब शीत चरम पर होती है;
अब तो पांडव भी प्रतिदिन
आते नहीं थे देखने उन्हें,
हो चुके थे व्यस्त वे,
हस्तिनापुर की राज्य सभा में,
शासन व्यवस्था में,
कुछ दिन पहले ही श्रीकृष्ण,
आकर विदा ले चुके थे उनसे,
प्रस्थान द्वारका करने को।

कृष्ण का ध्यान आते ही,
स्मरण आ गया वह दिन,
जब उनकी प्रतिज्ञा पूरी करने को,
श्रीकृष्ण ने अपनी प्रतिज्ञा तोड़ी थी,
महासमर भूमि में,
उठा लिया था रथ का पहिया,
उन्हें मारने को,
अर्जुन की रक्षा उनसे करने को,
तात ! हो गये थे नतमस्तक,
केशव के आगे,
उनकी कृपादृष्टि पर और
रोक दी थी तीक्ष्ण वाणों की वर्षा अर्जुन पर,
श्रीकृष्ण ने की थी प्रतिज्ञा,
अस्त्र-शस्त्र नहीं छूने की,
उस महा समर में;
उन्हें स्मरण हो गया श्रीकृष्ण का कथन,
"तुम कुरुवंशी कर लेते हो प्रतिज्ञा
बिना सोचे,बिना समझे,
बिना परिणाम विचारे और
चिपके रहते हो उस पर,
यह तुम्हारी शक्ति नहीं,
तुम्हारी दुर्बलता है,
अनिष्ट और विनाश का पथ भी"
आज उन्हें समझ में आ रहा था,
अपनी स्वंय की प्रतिज्ञा का दुष्फल,

"आजीवन अविवाहित रहने का,
हस्तिनापुर राज्य-सिंहासन की रक्षा करने का,"
परिस्थितियाँ बदल चुकी थीं,
कोई अर्थ नहीं बचा था,
भीष्म को प्रतिज्ञा पर अड़े रहने का,
फिर भी अड़े रहे वे विवेक शून्य होकर,
परिणाम मिला जिसका,
महाविनाश कुरुवंश का,
शरशय्या स्वंय उनको,
तड़पन और घुटन इच्छामृत्यु वर की।

कनिष्ठ भ्राता चित्रांगद हत हो चुके थे,
बहुत पहले ही,
विचित्रवीर्य भी निर्विर्य निकले,
नहीं कर सके सन्तानोत्पत्ति,
चले गये नभ को,
माँ सत्यवती ने समझाया था,
बचा नहीं कोई औचित्य तुम्हारी प्रतिज्ञा का,
आजीवन अविवाहित रहने का,
चाहे देवी अम्बा से कर अनुनय,
कर लो पाणिग्रहण,
उसका उद्धार करो,
कुरुवंश का उत्तराधिकारी तैयार करो,

और यदि चाहो,
अम्बिका,अम्बालिका से ही,
कर पाणिग्रहण सन्तानोत्पत्ति करो,
बचा लो कुरुवंश को समाप्त होने से,
पर नहीं माना मैं उनका आग्रह,
डटा रहा अपनी प्रतिज्ञा पर,
परिणाम!,
अयोग्य उत्तराधिकारी जन्में,
भ्राता व्यास के माध्यम से,
जिसकी परिणति रही,
महासमर,महाविनाश,
और मेरी यह दुर्गति,
हाय! क्या किया मैंने,
इस धराधाम में माँ ने भी
मुख मोड़ लिया मुझसे,
स्वर्गलोक में पूर्वजों को क्या समझाऊँगा?
जीता रहा औरों के लिये,
तड़पता रहा स्वंय जीवन भर,
और अन्त में मिला क्या,
यह शरशय्या,
पीड़ा,क्लेश,दर्द,
सड़न घावों की,
रक्तविहीन जर्जर तन,
और एकाकीपन,

माना सेवक हैं आते,
प्रहरी हर समय तत्पर रहते,
मेरी सुरक्षा में,
दिन में सूर्य देव भी मेरी देखभाल करते,
पर जिस किसी दिन वर्षा होती है,
मेरे सारे घाव,
चुभन वाणों की,
असहनीय पीड़ा देते हैं,
मैं चित्कार नहीं कर सकता,
किसी को पुकार नहीं सकता,
कोई उपचार नहीं पा सकता,
समझ नहीं पाता कितने पाप किये थे मैनें,
जी नहीं पाया सुख से,
और मृत्यु!
न मिले ऐसी पीड़ामय मृत्यु,
किसी महाअधम,महापातकी को भी।

पीड़ा ही पीड़ा थी पितामह के मन में,
सन्ताप भरा था तन में,
इतने दिन बीत चुके थे प्रतिक्षा करते-करते,
ताप,शीत,वर्षा सहते-सहते,
शरीर जा चुका था संवेदना से परे,
मष्तिष्क अब भी सक्रिय था,
पर कुछ रचनात्मकता नहीं बची थी उसमें,

युद्धोपरान्त महाराज युधिष्ठिर आये थे,
भार्या,भाईयों के साथ शीस नवाये थे,
अनुरोध किया था,
राजधर्म,राजनीति,कूटनीति,
परिवार धर्म,समाज धर्म आदि की शिक्षा देने को,
मैनें कहा था तुम स्वंय हो धर्मराज,
यह जर्जर बूढ़ा क्या क्षिक्षा दे सकता है,
पर वे डटे रहे अपनी ज़िद पर,
अन्तोगत्वा मान अनुरोध उनका,
जो ज्ञान था बचा मुझमें,
सब कुछ दे डाला उनको,
अब हूँ रिक्त,
रिक्तता ही मेरी परिभाषा,
जब भी जग याद करेगा मुझको,
पितामह भीष्म के रूप में,
माना भीष्म-प्रतिज्ञा होगी मेरी परिभाषा,
पर रिक्तता,विवशता,नेत्रों के होते अंधापन,
शक्ति के होते हुये भी,
अन्याय का साथ देना,
मेरा पर्याय।

भीष्म डूब गये विषाद के सागर में,
क्रन्दन भी हो चुका था मौन,
आँसू बचे नहीं थे नेत्रों में,
सब कुछ समाप्त हो चुका था,
अब बचा नहीं अर्थ जीने में,
मात्र समय गँवाना था,
पर विवशता थी,इच्छामृत्यु वर की,
सूर्यदेव के उत्तरायण होने की,
मन ही मन लगे गणना करने,
शुभ दिन की,शुभ मुहूर्त की,
जब त्राण लें जग से,
इस शरशय्या से,
मृत्युलोक के इस पापमय जीवन से,
अन्ततः निश्चय कर लिया,
माघ मास की शुक्लाष्टमी का ब्रह्म मुहूर्त,
जब स्वर्ग के द्वार खुलें होंगे,
इस धरा धाम से जाने का,
इस जीवन से मुक्ति पाने का
मन ही मन प्रार्थना की परमपिता से,
मुक्तिमार्ग देने की,
जीवन-मृत्यु के बंधन से मुक्त कर देने की।

द्वितीय सर्ग- पितृ प्रेम

आज मन बहुत उद्विग्न था,
हस्तिनापुर नरेश महाराज शान्तनु का,
प्रसव पीड़ा प्रारम्भ हो चुकी थी,
भार्या ब्रह्मदेव पुत्री गंगा को,
कुछ प्रहर पश्चात सन्तानोत्पत्ति हो सकती है,
कोई राजकुमार आ सकता है,
इस पुण्यमयी धरती पर,
हो गये और भी व्यग्र,
अब तक देवी गंगा प्रवाहित कर चुकी हैं,
सात-सात पुत्रों को तटिनी के जल में,
स्यात यह आठवाँ और अंतिम हो,
यदि यह भी चला गया,
प्रवाह में तटिनी के,
मैं नि:संतान रह जाऊँगा,
नहीं बचेगा उत्तराधिकारी कोई,
हस्तिनापुर की राजगद्दी का,
और लगे सोचने,
चाहे जैसे भी हो रक्षा करनी है,
इस पुत्र को बचाना है,
क्यों न तोड़नी पड़े प्रतिज्ञा मुझको अपनी,
स्यात यही नियति है मेरी;

हुआ आगमन उषा का,
महल में ख़ुशियाँ छाईं,
परिचारिकायें भागती हुयी आईं,
समाचार सुनाया,
"महाराज पुत्र रत्न आया है,
रवि-रश्मि सी आभा लाया है,
उचित होगा आप इसकी रक्षा कर लें,
इस राज्य का उत्तराधिकारी बचा लें,"
कुछ प्रहर पश्चात महाराज ने देखा,
महारानी लीये नवजात को गोंद में,
चल दीं तटिनी को,
शान्तनु उहापोह में करते रहे,
पीछा भार्या गंगा का,
पहुँच तटिनी के समीप,
जैसे ही गंगा ने चाहा,
बालक को प्रवाहित करना जल में,
महाराज शान्तनु ने रोक दिया भार्या को,
तोड़ प्रतिज्ञा अपनी,
हस्तपक्षेत नहीं करनी की,
उनके किसी कार्य में,
गंगा ने सौंप दिया पुत्र उनको,
छोड़ शान्तनु का साहचर्य,
लौट गयी लोक को अपने,
मिला पुत्र महाराज को,
पर खो दिया प्राणप्रिया भार्या अपनी।

अब एक ही कार्य था,
पुत्र का लालन-पालन,
रुचि घटती रही राज-काज में,
पर कठिन था विस्मृत करना,
साहचर्य गंगा का जो मिला था उनको,
धीरे-धीरे नन्हा शिशु बड़ा होने लगा,
ऋषियों,मुनियों को बुला समय-समय,
सभी धर्मानुसार संस्कार कराये,
और नामकरण किया देवव्रत,
बालक था निपुण और आज्ञाकारी
महाराज के आसपास ही खेलता रहता,
हर संस्कार से अवगत होता रहता,
इसी तरह बीत गये पाँच वर्ष,
महाराज को होने लगी चिन्ता उसके शिक्षा की,
तभी अचानक एक दिन गंगा आईं,
महाराज से माँगा पुत्र को ले जाने को,
उसे शास्त्र-शस्त्र की विद्या में पारंगत करने को,
अनमने भाव से दिया पुत्र उसकी माँ को,
महाराज हो गये नितान्त अकेले,
राज्य कार्य के अतिरिक्त न था,
कोई उनका और सहारा;

बीते थे जो दिन गंगा के संग,
उनकी स्मृतियाँ कुरेदती रहतीं,
जब भी होते नितांत अकेले,
खो जाते यादों में जो पल जा चुके थे,
अनंत के गह्वर में,
इच्छा होती गंगा लौट वापस आ जाये,
पर था ज्ञात,नहीं असम्भव को सम्भव कर पाना,
देवी गंगा का साहचर्य पुन: पाना,
जब भी दृष्टि पड़ती किसी सुखी युगल पर,
टीस सी उठती उनके मन में,
थी चाह बहुत,
पर राह नहीं थी कोई,
व्यक्त नहीं कर सकते थे अपनी पीड़ा,
घूँट आँसुओं के पी लेते थे,
घिरे हुये सुख-समृद्धि में,
एकाकी जीवन जीते थे,
राजा थे,राज्य तो करना ही था,
कर्तव्य पूर्ण करने हेतु,
अनमने भाव से करते रहे शासन,
इसी प्रतीक्षा में, पुत्र आ जाये,
मुझे इन सब से मुक्ति दिलाये,
षोडश ग्रीष्म,षोडश शरद,षोडश वसंत,
बीत गये देखते राह पुत्र की,
उसके आने की,उसका साथ पाने की,
उद्देश्यपूर्ण समय बिताने की,

उसे युवराज घोषित कर,
राज्य के योग्य बनाने की।
देवी गंगा पुन: आईं,
पुत्र को सौंपने पिता को,
कर शिक्षित पुत्र को,
जो पा चुका था शिक्षा,
शास्त्र की,शस्त्र की,बैठ
गुरु वशिष्ठ,शुक्राचार्य,
मार्कण्डेय एवं परशुराम आदि,
महान गुरुओं के चरणों में।

पुत्र के आते ही महाराज में परिवर्तन आया,
रूठा-रूठा,सोया-सोया संसार कुछ खिलखिलाया,
लेने लगे रुचि पुत्र के क्रिया कलापों में,
देने लगे उसे शिक्षा राजतंन्त्र की,
प्रजापालन की,देशहित की;
सर्वगुण सम्पन्न पुत्र देवव्रत,
शिघ्र ही हो गया पारंगत,
राज्य कार्य की हर विधा में,
एक शुभ मुहूर्त में,
विद्वतजनों से सम्पादित,
वेदवीहित विधि के अनुसार,
देवव्रत को किया युवराज घोषित,
शनै: शनै: छोड़ दिया राज्यभार उसके हाथों।

महाराज शांतनु ने विचार किया,
मृगया,आखेट,भ्रमण आदि करने की,
सरिता पार प्रकृति का अवलोकन करने की,
योजना बनायी,मृगया करने की,
अश्वारोहण कर,ले एक सैन्य टुकड़ी,
चल पड़े गन्तव्य को अपनें,
पहुँच सरिता तट हो गये विस्मित देख,
एक नवयौवना सुन्दरी को,
तरणी को प्लावित करते,
पथिकों को इस पार से उस पार पहुँचाते,
उस पार से इस पार ले आते,
महाराज शान्तनु ने कहा सैनिकों को रुकने को,
स्वंय हो गये सवार तरणी पर,
नाविका ले चली नाव को उस पार,
पहुँच तट पर महाराज नहीं उतरे,
कहा,ले चलो पुन:उस तट पर,
जहाँ से चले थे हम,
महाराज रहे देखते उस तरुणी को,
और तरणी प्लावित होती रही,
इस किनारे से उस किनारे,
और उस किनारे से इस,

कई प्रहर बीत गये इस क्रिया में,
महाराज पड़े हुये तन्द्रा में,
निरंतर देखते रहे उस तरुणी को;
अन्तोगत्वा उस सुन्दरी ने स्वंय ही पूछ लिया,
महाराज! प्रयोजन है क्या आपका,
क्या देखते रहना जल-प्रवाह,
या सैर करते रहना इस तरणी में?
शान्तनु जैसे तन्द्रा से जागे,
कहा ले चलने को प्लावन प्रारम्भ हुआ था,
उसी किनारे,
उतर नौका से देखा तरुणी को जी भर,
लीये एक शूल सा सीने पर,
आ गये लौट राजभवन,
नित्य-प्रति यही क्रम हो गया,
मृगया के लिये आना,
तरणी में बैठ तरुणी को निहारते रहना,
बीत गये इस तरह कई दिन,
वह जलबाला समझ गयी थी,
मन्तब्य क्या हो सकता है,
किसी पुरुष का इस प्रकार नौका भ्रमण में,
था अनुभव उसे अतीत का,
जब एक ऋषि उस पर मोहित सकता था,
फिर महाराज तो सामान्य मानव थे,
पूछ ही लिया एक दिन,

"महाराज!क्या इस सरिता में रुचि है आपकी,
या इस तरणी में मिलता है आनंद,
या कोई और ही स्वप्न है आपकी दृष्टि में,"
महाराज! तैयार न थे ऐसे प्रश्न के लिये,
आगये संकट में,
बस इतना ही कहा,
"अच्छा लगता है सानिध्य तुम्हारा,"
नदी सैर का क्रम चलता रहा कुछ दिन और,
एक दिन महाराज ने पूछा उसका परिचय,
"मत्स्यगंधा,धीवर राज की कन्या,
कर रही हूँ अपना पारिवारिक कार्य,
आगन्तुक,राहगीर,बटोही आदि को सरिता पार कराना,
प्राप्त शुल्क से पिता की सहायता करना,"
महाराज शान्तनु हो चुके थे मोहित,सम्मोहित,
आनन,फ़ानन में रख दिया प्रस्ताव,
धीवर बाला से परिणय का,
और दिया उसे अपना परिचय,
कोई कारण नहीं था प्रस्ताव को अस्वीकृत करने का,
पर वय का बहुत अधिक अन्तर था,
धीवरबाला थी बुद्धिमती,
"मुझे होगी प्रसन्नता पर अनुमति लेनी होगी,
पिता धीवर राज से,"

कह,डाल दिया उलझन में महाराज को,
साथ ही साथ उसे थी चिन्ता,
अपने अतीत की,
मुनि पराशर के साथ अवैध सम्बंधों की,
और उनसे उत्पन्न पुत्र की,
और भेद खुल जाने की,
चाहती थी शिघ्र हो जाये परिणय,
पर कुशलता पूर्वक सम्हाल रही थी,
परिस्थितियों को लाभार्थ अपने;
महाराज शान्तनु को चाहिये थी मत्स्यगंधा,
जीवन संगिनी रूप में,
थे तैयार कुछ भी करने को,
स्वंय चले गये मिलने धीवर राज से,
तोड़ हस्तिनापुर राजमर्यादा की गरिमा,
धीवरराज को ज्ञात हो चुका था,
हस्तिनापुर नरेश की दुर्बलता,
उनकी पुत्री के प्रति,
शर्त रख दी विवाह की,
उनकी पुत्री से उत्पन्न पुत्र ही होगा,
उत्तराधिकारी हस्तिनापुर राज्य का,
शान्तनु गिर पड़े धर्मसंकट में,
पहले ही कर चुके थे घोषित,
युवराज कुमार देवव्रत को,

हो गये किंकर्तव्यविमूढ़,
उत्तर न दे सके कोई,
लौट हस्तिनापुर को आये,
रहने लगे अनमने,खोये,खोये,
करें क्या समझ न पाये;
पुत्र देखता रहा पिता में परिवर्तन,
पर कारण समझ नहीं पाता था,
जितना भी सम्भव हुआ,
वैद्यराज से उपचार करवाता था,
अन्तत: एक दिन एक सैनिक नें बतलाया,
महाराज,लगता है धीवरबाला के प्रेम-पाश
में फँसे हुये हैं,
धीवरराज ने कुछ शर्त रखी है,
जिसके कारण उलझन में पड़े हुये हैं,
देवव्रत ने नहीं सोचा था कुछ ऐसा,
अपने पिता से प्रेम जैसा ढलती उम्र में,
सुन सैनिक की बातें विस्मय में आये,
सोचने लगे तात को कैसे,
उलझन से मुक्ति दिलायें;
निश्चय किया मिलने का धीवरराज से,
जानना सत्य क्या है,
जो कष्ट दे रहा महाराज को,
धीवरराज ने अपनी शर्त बताई,
देवव्रत की उलझन और बढ़ाई,

पर पुत्र ने कर लिया निर्णय,
चाहे जो भी पड़े करना,
पितृऋण से अल्प ही होगा,
धर्म कहता पिता की सेवा करना,
देवव्रत ने कहा ठीक है मैं छोड़ता हूँ,
उत्तराधिकार अपना हस्तिनापुर की राजगद्दी से,
धीवरबाला से उत्पन्न पुत्र ही होगा शासक,
पर लालची धीवर माना नहीं इससे,
वह तो अनवरत उत्तराधिकार चाहता था,
मत्स्यगंधा से उत्पन्न संतानों का,
अंतत: देवव्रत को लेना पड़ा,
एक ऐसा निर्णय,
जिसने बना दिया भीष्म उन्हें,
पर नष्ट कर दिया कुरुवंश का भविष्य,
देवव्रत ने मान साक्षी समस्त चराचर जगत को,
लिया संकल्प, ली प्रतिज्ञा,
आजीवन अविवाहित रहने की,
मात्र हस्तिनापुर की सेवा करने की,
यही प्रतिज्ञा भीष्म-प्रतिज्ञा कहलाई,
मानव इतिहास में विचित्र परिवर्तन लाई।

धीवरबाला का परिणय हो गया,
हस्तिनापुर नरेश शान्तनु से,
देवव्रत हो गया च्युत उत्तराधिकार से,
स्वंय के सुख और दाम्पत्य जीवन से,
मत्स्यगंधा बन गई महारानी सत्यवती,
हस्तिनापुर के युवराज की बनेगी जननी,
जैसे-जैसे समय बीता,
महाराज शान्तनु को अनुभूति हो गयी,
क्या अनर्थ कर डाला था,
जो कार्य देवव्रत के लिये करना था,
स्वंय कर डाला था,
महाराज ने प्रायश्चित स्वरूप,
पुत्र को वरदान दिया इच्छामृत्यु का,
जो कारण बना भीष्म के दुख का।

शान्तनु हो चले थे वृद्ध,
सत्यवती तरुणी थी,
दोनों मे वय का बहुत अधिक अन्तर था,
मानसिक व शारीरिक क्षमताओं का भी अन्तर था,
समानता एक ही थी,
दोनों ही थे अनुभवी,
एक नैतिक सम्बंधों का,
दूसरा अनैतिक सम्बंधों का,

कई वर्ष बीत गये, महाराज को
दाम्पत्य जीवन जीते,
समयानुसार दो पुत्र उत्पन्न हुये,
चित्रांगद और विचित्रवीर्य,
यही थे अब उत्तराधिकारी,
महाराज शान्तनु के,
हस्तिनापुर के;
शरीर सुख तो मिला,
पर मन कभी शांत न रह पाया,
देवव्रत के प्रति किये अन्याय का,
सदैव घेरे रहा उन्हें साया,
शनै: शनै: मन के साथ-साथ शरीर भी हो चला,
निष्तेज और जर्जर,
व्याधियों ने आ घेरा,
उनके तन-मन में डाल दिया,
अपना स्थायी डेरा,
हर उपचार हो रहा था निष्फल,
वैद्य-चिकित्सक हो गये विफल,
हो गया ज्ञात निकट है,
अंत, महाराज शान्तनु का,
हस्तिनापुर नरेश का,
सत्यवती से उत्पन्न बालक अभी छोटे हैं,
युवराज, नहीं हो सकते घोषित;

शान्तनु ने पुकार लगाई अपने ज्येष्ठ पुत्र की,
देवव्रत की,
छीन लिया था जिससे,
सामान्य जीवन का, राज्य का अधिकार,
फेक दिया था जिसे अनंत गह्वर में,
अपनी लालसा पूरी करने को,
अपनी दैहिक पिपासा शांत करने को,
और किया निवेदन उससे,
दोनों अनुजों का लालन-पालन करने का,
सत्यवती के संरक्षण का,
राज्य के संचालन एवं रक्षा का,
लिया वचन देवव्रत से,
पर था क्षोभ उन्हें,
थी ग्लानि उन्हें,
क्या उत्तर देंगे पुरखों को,
भीष्म के प्रति अन्याय का,
जब पहुँचेंगे स्वर्गलोक में,
लिये हुये यही पीड़ा,
चल दिये शान्तनु गगन को,
स्वर्ग लोक को,
छोड़ हस्तिनापुर को राजा विहीन,
युवराज विहीन।

तृतीय सर्ग-गुरुकुल

मकर संक्रान्ति आ रही निकट थी,
शीत चरम पर थी,
दो दिन पहले ही बरसात हुयी थी,
साथ में ओला वृष्टि भी हुयी थी,
शीतलहरी का प्रकोप था,
भगवान भुवन भास्कर!
ऐसा प्रतीत होता था,
कौरव पक्ष की तरह,
प्रभावहीन हो चुके थे,
उन्हीं की तरह उनका प्रचंड तेज़,
भी निस्तेज हो रहा था,
पर था ज्ञात तात को,
जैसे ही देव सविता उत्तरगामी होंगे,
तेज़ बढ़ेगा उनका,
और वे ब्रह्मलीन हो जायेंगे;
रात्रि पर्यंत अलाव जलता रहता था,
दिन में भी प्रहरी अलाव का सहारा लेते थे,
उनके आस-पास भी गर्मी बनी रहे,
सूखे तरुखंड जलाते थे,
पर पितामह जा चुके थे परे,
दूर, बहुत दूर शरीर संज्ञा से,

बस एक ही आस रहती थी अंतर्मन में,
जननी के दर्शन की,
ले आशीष उनसे मुक्ति की,
मन ही मन प्रार्थना करते रहते थे,
हे माँ,तुमने मुक्ति दे दी,
मेरे समस्त अग्रजों को,
धराधाम पर आते ही,
मुझसे क्या पाप हुआ था ऐसा,
मुक्ति नहीं दे पाई मुझको,
धकेल दिया मुझको पापमय जीवन जीने को,
इतनी लम्बी अवधि तक शरशय्या पर सोने को,
क्षमा करो माँ मुझको,
अपना कोमल स्पर्श मुझे दे दो,
मेरी समस्त पीड़ा हर लो,
मार्ग प्रशस्त करो मेरे जाने का,
फिर न कभी इस धरा पर आने का।

माँ की स्मृति आते ही उभर आईं,
स्मृतियाँ उस कालखण्ड की,
जब वे ले रहे शिक्षा थे,
बारी-बारी अलग-अलग गुरु से,
माँ के विशेष अनुरोध पर ही,
गुरु परशुराम माने थे उनको शस्त्र की शिक्षा देने को,
जिन्होंने प्रण किया था क्षत्रिय विनाश का।

गुरुदेव बृहस्पति के सानिध्य में रहे थे चार वर्ष,
शिक्षा प्रारम्भ की उन्हीं के चरणों में,
सारे सन्सकार दिये,समस्त देवत्व दिया,
माँ-पिता,गुरु,समाज,प्रजा एवं शत्रु के प्रति,
क्या धर्म है,सिखाया उनको,
ईश का सत्य,वेद,शास्त्र,सनातन धर्म बताया,
राजा का कर्तव्य बताया,
न्याय,धर्म का मार्ग बताया;
भीष्म थे अभी बालक पर आत्मसात कर लिया,
गुरु ने जो ज्ञान दिया,
माँ गंगा आईं पुत्र को अन्य गुरु के पास ले जाने को,
गुरु-दक्षिणा स्वरूप माँ ने,
आचार्य बृहस्पति को अनंत जीवन का वरदान दिया;
अगले गुरु थे दैत्यों के गुरु शुक्राचार्य,
जो सामान्यतया नहीं देते थे शिक्षा,
किसी देव को,किसी नर को,
पर सामर्थ्य नहीं थी उनमें,
माँ गंगा का अनुरोध ठुकराने की,
स्वीकार किया देवव्रत को,
अपनी शिक्षा देने को,
तंत्र,मंत्र,यंत्र,सम्मोहन आदि की,
शिक्षा मिली इस गुरु के चरणों में,
पर गुरु ने सावधान किया उन्हें,
मनुष्यों पर नहीं इनका प्रयोग करने को,

आचार्य प्रसन्न थे शिष्य की कुशाग्रता से,
और समर्पण से,
पूछ ही लिया शिष्य से,
यदि किसी और विद्या की इच्छा हो?
शिष्य भी चतुर था,
तुरंत मृतसंजीवनी विद्या का नाम लिया,
आचार्य आ गये उलझन में,
दुखद अनुभव मिला उन्हें था,
शिष्य कच से,
जिसने धोखा दिया उन्हें था,
और उनकी पुत्री देवयानी को,
गुरू ने मात्र इतना ही कहा,
यह विद्या उपलब्ध नहीं मानव को,
फिर भी है आशीष मेरा,
किसी अन्य रूप में मिलेगी,
मृत्यु पर विजय तुम्हें,
पर वही तुम्हारे अनंत दुख का कारण होगी,
शिक्षा समाप्त हुयी माँ आई पुत्र को लेने,
आचार्य को गुरु-दक्षिणा देने,
आचार्य ने अस्वीकार किया अनुरोध गंगा का,
यह कह कर,
आपका अनुरोध ही बहुत है,
नहीं लेता मै कुछ किसी नर से;

अगले गुरु थे महा-शिवभक्त ऋषि मार्कण्डेय,
जिन्होंने जीत लिया था मृत्यु को,
शिवभक्ति से,शिवकृपा से,
मिली देवव्रत को शिक्षा,
समस्त शास्त्रों की,पुराणों की,वेदों की
उपनिषदों की एवं जीवन दर्शन की,
ऋषि की कृपा बरसती रही शिष्य पर,
होता रहा वह पारंगत,
उन सभी विधाओं में,
जो कुछ भी रह गया बचा था,
अभी तक के गुरुओं से,
गुरुदक्षिणा के रूप में गुरु ने कहा,
देवव्रत को न्याय-धर्म मार्ग पर अडिग रहने को
शिक्षा समाप्ति पर माँ गंगा आईं,
पुत्र को सौंपने गुरु परशुराम के चरणों में,
हो सके पारंगत अस्त्र-शस्त्र एवं दिव्यास्त्रों में,
अगले चार वर्ष अति कठिन थे देवव्रत के,
महा प्रकांड पंडित थे गुरु,
अति कठोर अनुशासन में रहने वाले,
निपुण युद्ध की हर विधा में,
दक्ष दिव्यास्त्रों में,शास्त्रों में,
गुरु ने हर ज्ञान दिया,
शिष्य ने भी हर आज्ञा का सम्मान किया,
बन गया सर्वश्रेष्ठ ज्ञाता,
अस्त्र-शस्त्र की सम्पूर्ण विद्या में,

इस बार माँ गंगा आईं,
पुत्र को आश्रम से लेकर,
उसके पिता को सौंपनें,
गुरु नें दीक्षान्त स्वरूप इतना ही कहा,
यदि देवव्रत हरा सके मुझे युद्ध में,
वही सर्वश्रेष्ठ गुरुदक्षिणा होगी मेरे लिये,
पर अभी नहीं,
जब कोई उचित अवसर आये;
ले चरणरज गुरु की माथे,
शिष्य चल दिया हस्तिनापुर को,
सोचता रहा मार्ग भर,
विचित्र दक्षिणा माँगी क्यों गुरु नें मुझसे?
भविष्य के गह्वर में छिपा हुआ क्या,
विधाता ही जाने,
पर गुरु हैं काल से परे,भविष्यद्रष्टा,
अवश्य देख लिया होगा कुछ।

माँ हस्तिनापुर राजभवन में आई,
साथ में पुत्र देवव्रत को लाई,
सौंप उसे पिता शांतनु को,
लौट गयीं तुरंत लोक को अपने,
पिता को मिला पुत्र ,
मिला साथ बेटे का

उनका एकाकीपन टूटा,
राज्यकाज में कुछ रुचि आई,
पुत्र को योग्य बनाना है,
प्रजा का प्रियपात्र बनाना है,
यह चिन्ता उनके मन में समाई;
पर उन्हें दुख बहुत था,
देवी गंगा रुकी नहीं थीं एक पल भी,
सौंप पुत्र को एक बटोही सा,
लौट गयी थीं तुरंत ही,
पर पुत्र को कोई क्लेश नहीं था,
माँ का सानिध्य नहीं मिलने से,
ज्ञान प्राप्त हो चुका था उसे,
नियति का,नियंता की क्रीणा का,
पर स्यात भूल रहे थे,
नियंता रहस्यमयी क्रीड़ायें करता है,
अपने सम्पूर्ण रहस्य नहीं प्रदर्शित करता है,
मुनि वशिष्ठ से पंडित ज्ञानी भी ,
नहीं समझ पाये थे त्रेता युग में,
राम-सीता को अरण्यवास मिलेगा,
परिणय करके आते ही।

मकर संक्रान्ति का दिन आया,
भगवान अंशुमालि रश्मिरथ पर हो आरुढ़,
दिशी पूरब से मुसकान बिखेरते आये,

पितामह को देखा प्रसन्नचित्त,
फेंका आशीष-किरण उनके मुखमंडल पर,
जैसे कह रहे हों,
पुत्र, तुम्हारे कष्ट के दिन आ गये हैं अंतिम चरण में,
मैं हूँ प्रसन्न तुम्हारी निष्ठा से,तुम्हारे साहस से,
स्वर्ग के द्वार अब खुलने वाले हैं,
तैयार हो जाओ प्रस्थान करने,
इस जग से,इस जीवन से,
आज से मैं हो रहा हूँ उत्तरायण,
तुम्हारी प्रतिक्षा समाप्त हो जायेगी,
यह शरशय्या भी कर्तव्यमुक्त हो जायेगी,
जो भी पाप-कर्म शेष तुम्हारे,
हो रहे हैं समाप्त,
अब आगे है अनंत जीवन,
ब्रह्मलोक में;
आज पांडव भी पितामह से मिलने आने वाले थे,
उनके सानिध्य में समय बिताने वाले थे,
सर्वस्व ज्ञान पा चुके थे,
पर अभी भी आशीष कण बाक़ी थे,
अस्ताचल सूर्य की अंतिम किरणें,
अंतिम लालिमाँ का पुण्य प्रसाद लेने वाले थे,
सूर्य देव तीव्रता से चढ़ रहे थे नभ में,
स्वच्छ गगन में,

रश्मियाँ प्रखर हो रही थीं,
शीत पलायन कर रही थी,
नाहर को देख मृग पलायन करते जैसे,
कुछ ऊष्मा मिली पितामह के तन को,
जान सूर्य का उत्तरायण,
शांति मिली मन को।

भगवान भुवन भास्कर ने बढ़ाया,
जैसे ही अपना सप्ताश्व रथ मध्यान्ह को,
पांडुपुत्र आ पहुँचे भार्या संग,
कर चरण-स्पर्श पितामह का,
हो गये खड़े पास उनके,
दे आशीष उन्हें पितामह ने कहा उनसे,
पुत्रों अब प्रतीक्षा समाप्त हो रही मेरी,
शरशय्या का अंत निकट है,
मुंझे भी प्रस्थान करना है जग से,
जो कुछ भी था पास मेरे,
दे चुका तुम्हें हूँ;
तुम थोड़ा जननी प्रवाह का जल मुझे दो,
मेरे तन को पाप मुक्त कर दो,
थी ज्ञात युधिष्ठिर को तात की इच्छा,
ताम्र-पात्र लाये थे,
भरा हुआ गंगा जल से,

भीम ने उठा लिया वह पात्र हाथों में,
उनसे ले जल अंजुलि में,
सभी भाईयों ने,द्रौपदी ने,
पितामह का पूरा शरीर धुला,
युधिष्ठिर ने थोड़ा जल,
डाल उनके मुख में गंगा जल पान कराया,
एवं मकर संक्रान्ति का प्रसाद खिलाया,
सभी भाई एवं याज्ञसेनी बैठ गये,
निकट तात के,उनके चरणोंके,
तात ने आशीष दिया उन सबको,
यश का,वैभव का,सुख का
संतुष्ट जीवन का,प्रजा पालन का
और अनंत जीवन का और कहा,
आ रही शुक्लाष्टमी को इच्छा मृत्यु वरण करने की,
प्रात: ब्रह्म मुहूर्त में,
आँखें नम हो गयीं सबकी,
सुन तात की अंतिम इच्छा,
युधिष्ठिर थे ज्ञानी,
समझ गये तात का आशय,
वह शुभ दिन है,शुभ घड़ी है,
जब खुले होंगे द्वार स्वर्ग के,
उन्होंने बस इतना ही कहा,
पितामह की जैसी इच्छा,
और पूछा आदेश हो यदि कोई?

माँ को संदेश दे दो मेरे निर्णय का,
कहना,देआशीष पथ प्रशस्त करें मेरा नभ का,
"हम आते रहेंगे नित्य,
जब तक हैं आप जग में,
पाने को आशीष आप का,
करने दर्शन आपके चरण-कमल का",
कह इतना प्रस्थान किया युधिष्ठिर ने,
भाइयों,भार्या संग हस्तिनापुर को।

चतुर्थ सर्ग-प्रायश्चिच

प्रस्थान करते ही पांडुपुत्रों के,
पितामह का मस्तिष्क लगा पुन: दौड़ने,
बीते हुये काल की स्मृतियों के गह्वर में,
खट्टी-मीठी यादों के अरण्य में,
रोने लगा अंतर्मन उनका,
सोच-सोच कर महाविनाश युग का,
अपनी ही निष्क्रियता का,
सोच रहे थे महामन्त्री विदुर को,
जिसका सदैव अपमान हुआ,
सम्बोधित कर दासीपुत्र,
विचलित हुआ नहीं वह महापुरुष,
कर्तव्यपथ से,धर्मपथ से,
उसने सदा न्याय का ही मार्ग बताया,
मृदु हो या कटु या कंटकपथ,
शास्त्रोचित परामर्श ही दिया,
नहीं डिगा कभी न्यायमार्ग से,
नहीं डरा पिता-पुत्र के अपमान से,
उन्हें समझ में आता था,
विदुर सत्य की राह बता रहा,

धृतराष्ट्र के साथ-साथ वे भी अंधे बन जाते,
धर्महीन मार्ग ही अपनाते,
दे मिथ्या सान्त्वना स्वंय को,
राज्यसिंहासन की सेवा के प्रण का,
सेवा का अर्थ नहीं था,
कुमार्ग अपनाना,
सत्य से भटक जाना,
अन्याय,अधर्म पथ पर चलते जाना,
नेत्रहीन,बुद्धिहीन धृतराष्ट्र के साथ,
क़दम से क़दम मिलाना,
जैसे-जैसे अंतिम क्षण आ रहा निकट था,
सत्यबोध हो रहा पितामह को था।

महाराज पांडु की मृत्यु के पश्चात,
तुरन्त ही लाना था कुन्ती को,
नन्हें पांडुपुत्रों को राजभवन में,
दे उन्हें राजमाता और राजकुमारों का सम्मान,
राजमाता कुन्ती की अनुमति से ही,
धृतराष्ट्र प्रभारी शासक चलते रहते,
युधिष्ठिर के वयस्क होने तक,
होना यही चाहिये था,
यदि यही हुआ होता,
महाभारत अनर्थ न होता,

तात को समझ में आ रहा था,
जीवन की अंतिम घड़ियों में,
क्या,क्या अनर्थ मैंने कर डाला था?

महाराज पांडु के मरते ही,
भूल गये थे सब लोग,
कुन्ती को,पांडुपुत्रों को,
वे भटकते रहे मुनियों के आश्रम में,
ऋषियों के प्रांगण में,
पितामह नें भी ख़बर नहीं ली उनकी,
सोचा नहीं किसी नें उनके बारे में,
धृतराष्ट्र बन बैठे निरंकुश शासक,
गांधारी बन गयीं महारानी और राजमाता,
होने लगा लालन-पालन दुर्योधन का,
उसके समस्त भाईयों का,
राजकुमारों का,
हस्तिनापुर उत्तराधिकारी का,
नींव पड़ गयी थी कुछ ऐसी,
अधर्म,अनीति की साकार मूर्ति जैसी,
बीज पड़ चुका था विषवृक्ष का,
धृतराष्ट्र की महत्वाकांक्षाओं का,
जो पल्लवित,पुष्पित होने लगा,
पितामह की ही क्षत्रछाया में,
विदुर ने कई बार पितामह को समझाया था,

जो कुछ हो रहा,अनुचित था,
कुन्ती और पांडुकुमारों को छोड़ देना,
पितृविहीन,सन्यासियों सा अरण्य में,
उनका स्थान यहाँ राजमहल में,
महाराज पांडु के क्षत्र में,
पर तात भूल गये कर्तव्य अपना,
बन गये चाकर धृतराष्ट्र के,
और करने लगे जैसा नेत्रहीन का आदेश मिला।

समय-समय पर विदुर समझाते रहे,
 तात को,महाराज धृतराष्ट्र को,
पर तात डूबे रहे किसी सम्मोहन में,
स्यात देवी अम्बा का लग रहा अभिशाप था,
बुद्धि उनकी सत्य से परे जाती थी,
कर्तव्य-पथ से विचलित कर जाती थी,
धृतराष्ट्र को कोई रुचि नहीं थी अनुज पुत्रों में,
वे रहें कानन में या अरण्य में,
जितना दूर रहें हस्तिनापुर से,
उतना ही शुभ था उनको;
बीत गये कई वर्ष,
नहीं किसी ने चिन्ता की पांडु पुत्रों की,
नहीं जताई इच्छा किसी ने,
उन्हें हस्तिनापुर ले आने की,

पितामह को इतना ही ज्ञात रहा,
माँ संग वे रहते हैं कहीं जंगल में,
भटकते सन्यासियों के आश्रम में,
हाँ इतना समाचार अवश्य मिल जाता था,
बरसती है कृपा उनपर साधु-संतों की,
जिनकी छाया में पा रहे हैं,
संस्कार और मर्यादा की शिक्षा;
एक दिन महामंत्री विदुर ने,
कठोर शब्दों में कहा पितामह को,
अन्याय मार्ग पर आपका चलना,
अनर्थ करा न दे कहीं भविष्य में,
चाहे पांडुपुत्र रहें कंटकवन में,
महाज्ञानी महामुनियों की कृपा रहेगी उनपर,
ज्ञान मिलेगा उनको शास्त्र का शस्त्र का,
राजधर्म का,न्यायोचित कर्म का,
एक दिन अवश्य उन्हें भान होगा,
अपने साथ हुये अन्याय का,
और आपके हाथों उन्हें नगण्य किये जाने का,
स्मरण रहे,तब वे आपको भी,
हितैषी नहीं मानेंगे,
अपना नहीं जानेंगे,
संघर्ष अवश्य होगा अधिकार के लिये,
महामुनियों का आशिर्वाद लिये,
युद्धभूमि में वे आयेंगे,
जीवन की नई परिभाषा लिख जायेंगे;

तभी सम्मोहन टूटा पितामह का,
स्मरण आगयी गुरु मार्कण्डेय की शिक्षा,
ज्ञानी यदि अज्ञानी बनता है,
समाज का,राष्ट्र का अहित करता है,
आने वाली पीढ़ियों को भी,
धर्मच्युत करता है,
निश्चय किया उन्होंने,
कुन्ती को,उसके पुत्रों को हस्तिनापुर लाने का।

हस्तिनापुर वे आये अवश्य,
पर उन्हें कोई स्वागत नहीं मिला,
कोई सत्कार नहीं मिला,
अपना अधिकार नहीं मिला,
उनकी स्थिति अनचाहे पात्र सी थी,
जो अनायास ही आ गया हो,
राजा,रानी,राजकुमारों के मध्य,
कुन्ती को गांधारी ने बना दिया दासी,
उनको दिया एक कोना आवास का,
दूर कहीं महलों से,
छीन लिया उससे,
जो महल था उसका,
पितामह देखते रहे सब कुछ,
आँसू भी टपकाते,

जब मिलते कुन्ती से,
पर किया नहीं कुछ,
महामन्त्री विदुर ने बार-बार समझाया,
अन्याय अनर्थ का जनक है,
बिस्फोट जो एक दिन करता,
तात को आज समझ में आ रहा था,
क्या भूल हुयी उनसे,
विदुर तो नाम मात्र के महामंत्री थे,
पर थे स्पष्ट वक़्ता,
हर अवसर पर उचित बताया,
धृतराष्ट्र को,मुझको,
नहीं सुना मैनें,नहीं गुना मैनें,
जो विष बीज पड़ा था,
पा रहा था पोषण मेरे हाथों,
जल और उर्वरक भी मेरे ही हाथों,
ज्ञात नहीं कहाँ विदुर हैं,
युद्ध प्रारम्भ से पूर्व ही छोड़ गये,
महामंत्री पद और हस्तिनापुर,
नहीं पलट कर देखा,
क्या कुछ हुआ कुरुक्षेत्र में,
उनकी याद बहुत आ रही मुझको,
क्षमायाचना भी नहीं कर पाऊँगा,
उस महापुरुष से।

जैसे-जैसे स्मृतियों का प्रवाह जा रहा था आगे,
भूल नहीं पा रहे पितामह थे विदुर को,
एक शंका थी शेष,
जिसका उत्तर नहीं कभी पा सके वे,
धृतराष्ट्र थे अग्रज उन्हें मिलना था,
पहला अवसर नरेश बनने का,
विदुर ने उन्हें नेत्रहीन,अक्षम कह
हटा दिया था दूर सिंहासन से,
वह पीड़ा,वह टीस,वह कसक,
भर गयी थी धृतराष्ट्र के अंतर में,
परिलक्षित होती रही वही,
समय-समय पर,
उनके कार्य कलापों में,
जो वे करते रहे हस्तिनापुर नरेश के रूप में,
तभी उन्हें याद आगया अपना भी कुकृत्य,
गांधारी का अपहरण किया था जब,
गांधारी,महाराज सुबल,पूरा गांधार,
नहीं सह पाया था इस कृत्य को,
गांधारी ने कभी क्षमा नहीं किया उनको,
शक्तिवान का ऐसा परिचय,
एक राजकुमारी को बना दिया जिसने,
एक घरेलू पशु सा,वस्तु सा,
उसी अपमान का प्रतिशोध,
बन गया शाप हस्तिनापुर का,
पितामह का,

अब समझ में आ रहा था उनको,
क्यों नहीं उनका सम्मान कभी किया गांधारी ने,
उनके हर आदेश को ठुकराया,
अपमान करती रहीं पितामह का,
जब भी कोई अवसर आया,
अपराध-बोध रहा सदा उनके मन में,
नारी का सदैव अपमान हुआ था,
उनके हाथों,
महाराज सुबल सह नहीं पाये थे,
अपमान गांधारी के अपहरण का,
प्रतिशोध स्वरूप आक्रमण किया था,
हस्तिनापुर पर,पर विनष्ट हो गये थे,
शत पुत्रों में शेष बचा था एकाकी शकुनि,
पितामह समझ रहे थे,
क्यों शकुनि ने कुरुवंश का नाश कराया,
पर कारण,
स्वंय पितामह!
आज पितामह भर गये ग्लानि से,
हाय मैनें क्या कर डाला,
स्वंय ही आग लगा डाला,
मेरा कृत्य नहीं अल्प,
रावण द्वारा सीता हरण से,
और परिणाम,
वही जो रावण के साथ हुआ,
वंश विनाश।

गांधारी का स्मरण कुरेद गया,
उनको अन्दर तक,
सोचन लगे मैनें क्या पाया,
राजकुमारियों का अपहरण कर,
औरों की ख़ातिर,
बना मात्र घृणा का पात्र,
और उपेक्षित हर पक्ष से,
कौंध गया उनके मष्तिष्क में,
द्यूतसभा का दृश्य एवं दुशासन,
जब याज्ञसेनी पूछ रही थी प्रश्न,
जो हार चुका हो स्वंय को,
क्या अधिकार उसे किसी और को दाव लगाना,
क्या नारी कोई वस्तु है,
उसे किसी भी प्रकार प्रयोग करना?
मैंने मुँह छिपा लिया था अपना,
नेत्रहीन धृतराष्ट्र से भी बन गया अधम था,
विदुर ने द्यूतसभा को रोकने का प्रयास किया था,
माना धृतराष्ट्र नहीं माने,
लेकिन मेरा चुप रहना,
साहस दे गया उनको,
महामंत्री विदुर ने पुन: कहा बहुत कुछ,
याज्ञसेनी का अपमान रोकने को,
नेत्रहीन पति-पत्नी,मतिविहीन बने रहे,
मैं तो रोक सकता था,

पर मैं भी मतिविहीन हो गया था,
होश में आया जब अनर्थ हो चुका था,
द्रौपदी ने श्राप दे दिया था,
धृतराष्ट्र को शवों का ठेर पाने की,
भीम कर चुके प्रतिज्ञा दुर्योधन विनाश की,
दुशासन का रक्त पीने की,
उसी रक्त से द्रौपदी का केश धोने की,
फिर भी कुछ नहीं कर सका मैं,
स्यात यह शरशय्या कुछ कम कर सके,
पाप कर्म मेरे,
देव सविता क्षमा करें दुष्कर्म मेरे।

भूल नहीं पा रहे पितामह थे,
देवी अम्बा का वह चेहरा,
दुख से, क्लेश से, ग्लानि से भरा हुआ,
जब उन्हें अस्वीकृत कर लौटा दिया था,
शाल्व नरेश ने, कह कर
भीष्म तुम्हारा मान भंग कर चुके हैं,
और तुम्हें मुझसे विजय कर चुके हैं,
देवी अम्बा ने अनुरोध किया था उनसे परिणय का,
पर भीष्म डट गये कह कर प्रतिज्ञा अपनी,
आजीवन अविवाहित रहने की,

देवी अम्बा ने अतिशय रोष व्यक्त किया था,
और कहा था,
फिर क्यों अपहरण किया मेरा,
हाथ पकड़ कर, साथ बिठा कर, रात्रि आवास कर,
क्यों लाये मुझको,
काशी से हस्तिनापुर,
क्या मैं थी अश्व रथ का,
या खेती में प्रयुक्त होने वाला बैल,
क्या तुम्हारे गुरु ने तुम्हें नहीं दी शिक्षा,
नारी का अपहरण वर्जित है,
बिना उसकी इच्छा के,
तुमने केवल अपमान नहीं किया है मेरा,
अपमानित कर रहे हो अपनी शिक्षा,
और कलंकित अपने गुरुओं को,
माना तुम्हें इच्छा मृत्यु का वर है,
पर मैं प्रण कर रही हूँ,
तुम्हारा अंत करने की,
तुम्हें श्वान से भी विकट मृत्यु देने की;
भीष्म के मस्तिष्क में तड़ित सी कौंध गयी,
देवी अम्बा की प्रतिज्ञा,
फलित हो रही थी,
तिल-तिल मर रहे पितामह थे,
और याद आ रहा विदुर का कथन था,
जो द्यूत सभा के अंत में कहा था मुझको,

जब नारी की गरिमा खंडित की जाती है,
पुरखों की आत्मा भी रोती है,
पितामह सोचने लगे,
मैनें बार-बार किया यही है,
नीति,धर्म का ज्ञाता होकर,
ईश भी क्षमा नहीं कर पायेंगे
जो अपराध किया है मैंने।

पितामह की मानसिक पीड़ा,
बढ़ती जा रही थी,
जैसे-जैसे अतीत की याद आरही थी,
वे तो थे पितामह दोनों के,
पांडुपुत्रों के,कौरवों के,
दोनों ही पले-बढ़े थे उनकी गोंद में,
उनकी कापुरषता के कारण ही,
कौरवों का हौसला बढ़ा हुआ था,
अन्याय-पथ प्रशस्त हुआ था,
अश्रु कण बह निकले उनके नेत्रों से,
बहने लगे झर-झर माँ गंगा के जल से,
करने लगे पवित्र उनका तन,उनका मन,
उन्हें समझ में आगया,
कथन माँ गंगा का,

तुमने प्रण किया है हस्तिनापुर की रक्षा का,
न तो धृतराष्ट्र की रक्षा का,
न तो अन्याय की रक्षा का,
अच्छा होगा महासमर से दूर रहो तुम,
जिस तरह चले गये हैं दूर महाज्ञानी विदुर,
पर मैं न समझ सका विदुर का आशय,
और न समझ में आया माँ का दिया परामर्श;
हे महापुरुष,हे ज्ञानपुंज विदुर,
जहाँ कहीं भी हो,
आ जाओ एक बार निकट मेरे,
अवसर दो मुझको क्षमा प्रार्थना का,
तुम्हें सदैव अस्वीकारने का,
तुम्हारे दिये सुझावों को नगण्य करने का,
धृतराष्ट्र तो था जल रहा अपनी महत्वाकांक्षाओं से
खो चुका था न्याय,धर्म,नैतिकता,
मैं भी बन गया था उसी की तरह बुद्धिहीन,
मैं तब भी नहीं समझ सका,
जब युगपुरुष श्रीकृष्ण ने ठुकराया था,
दुर्योधन का निमंत्रण,
उसके राजमहल में भोजन का,
तुम्हारा रूखा-सूखा भोजन ,
अतिप्रसन्नता एवं आभारपूर्वक खाया था,
पांडवों के शांतिदूत के रूप में,

श्रीकृष्ण के पाँच गाँव देने के प्रस्ताव,
पर भी विचार नहीं किया धृतराष्ट्र ने,
उसे ठुकराया उनके कुपुत्र दुर्योधन ने,
प्रयास किया श्रीकृष्ण को क़ैद करने का,
विदुर ने पूरा प्रयत्न किया नेत्रहीन को समझाने का,
शांतिदूत को रिक्त हस्त नहीं लौटाने का,
इतना भी कहा,
यदि श्रीकृष्ण निहत्थे भी आयेंगे,
विश्व की किसी सेना पर भारी पड़ जायेंगे,
यदि हुआ युद्ध,
अवश्य वे साथ देंगे पांडुपुत्रों का,
वही अंतिम अवसर था,
मुझे तन्द्रा से बाहर आने का,
महाविनाश बचाने का,
जो छूट गया मेरे हाथों से,
बीत गया समय नहीं लौटा सकता,
धनुष से निकल गये तीर सा,
पर हे महामानव विदुर!
 अवसर मुझको दो,
प्रायश्चित करने का,
धराधाम को अंतिम प्रणाम करने से पहले ।

पंचम सर्ग-स्मृतियाँ

माघ शुक्ल सप्तमी का दिन था,
माँ गंगा आ गयीं प्रात: ही,
उन्हें समाचार प्राप्त हो चुका था,
उनके पुत्र का अंतिम दिवस था,
 माँ-धरती पर,
अपने कर्मगति से मुक्ति मार्ग का;
माँ को प्रसन्नता थी,
पुत्र मुक्त हो जायेगा शरशय्या से,
बचे-खुचे पापकर्मों से,
था आठवाँ वसु जिसे मुक्त नहीं कर पायीं थीं,
था उन्हें क्लेश बहुत,
शांतनु के प्रतिज्ञा भंग पर,
जो कारण बना भीष्म के अभिशप्त जीवन का,
उन्होंने परिणय किया था जिस कार्य स्वरूप,
एक मानव से;
पर अतीत जा चुका था,
अनंत के गह्वर में,
व्यर्थ था उसके लिये शोक करना,
आगे का मार्ग सुगम था,पर
प्रश्न बहुत थे भीष्म के मानस में,
जिनका उत्तर दे सकती थीं माँ गंगा ही।

गंगा अपने जल से भरा हुआ,
कलश लायी थीं साथ अपने,
शरशय्या पर पड़े हुये पुत्र को,
स्नान कराया अपने ही जल से,
जितने सेवक,प्रहरी थे, आदेश दिया,
वस्त्र बदलने का,
स्वच्छ,सुन्दर,श्वेत वस्त्र,
सेवकों ने मोटे-मोटे वस्त्र ले,
पर्दा बना दिया पितामह को घेर कर,
उनके निकटतम सेवक ने,
स्वच्छ,श्वेत वस्त्रों से किया,
परिधान परिवर्तन उनका,
शरशय्या पर ही,
कुछ समय पश्चात आगयी ब्राह्मणों की टोली,
भेजी थी जिनको,
महाराज युधिष्ठिर ने,
वेदपाठ करने को,
कुछ दूर एक उपयुक्त स्थान पर बैठ,
 उस टोली ने प्रारम्भ कर दिया कार्य अपना,
मध्यान्ह बीत रहा था,
पुत्र भीष्म ने मना कर कर दिया था,
कुछ भी ग्रहण करने को भोजन के रूप में,
माँ गंगा एक आसन पर बैठ गयीं,
पुत्र के पास ले उसका हाथ गोद में अपने,

अपनी टूटती हुयी,लड़खड़ाती वाणी में कहा,
पितामह ने माँ से,
"माँ हैं प्रश्न बहुत मेरे,
जिनके उत्तर दे दो माँ,
मुक्त कर दो मुझे बोझ से उनके,"
माँ ने कहा,हैं प्रश्न तुम्हारे ज्ञात मुझे,
फिर भी तुम पूछो,दूँगी मैं उत्तर अवश्य तुम्हें।

माँ! मैंने क्या अपराध किया था,
यह शरशय्या मुझे मिली क्यों?
मुस्कुरा पड़ी माँ गंगा,बोलीं,
वत्स इसका उत्तर ज्ञात तुम्हें,
फिर भी जिज्ञासा शांत तुम्हारी करनी है,
मैं जानती हूँ अपने शब्दों से मुझे,
तुम्हारी पीड़ा हरनी है;
पुत्र तुम स्वंय हो आर्षद्रष्टा,
ज्ञात तुम्हें अपना पूर्वजन्म और कर्म,
आठवें वसु प्रभास के रूप में,
थे डूबे तुम पत्नी के राग-अनुराग में,
जिसके आग्रह पर तुमने अपने भाईयों के साथ,
ऋषि वशिष्ठ की धेनु चुराई थी,
श्राप मिला था ऋषि वशिष्ठ से,

मनुष्य जन्म पाने का,
पत्नी सुख से वंचित रहने का,
मैंने प्रयास किया तुम सभी को,
शाप मुक्त करने का,
तुम्हारे सात भाईयों को मुक्त भी किया,
तुम्हारी राह मे आगये तुम्हारे पिता,
तुम्हें उस समय मुक्त न कर पाई,
पर मैनें थी कुछ योजना बनाई,
तुम्हें यथासमय मुक्त करने की,
पर इस जन्म के कर्म तुम्हारे,
ले गये तुम्हें अध: पतन को,
महा काल भी हो गया विवश,
तुम्हें कठोर दण्ड देने को,
तुमने नारी का सदैव अपमान किया,
उनके साथ पशुवत व्यवहार किया,
पराकाष्ठा कर दी जब देखते रहे,
अपनी पौत्रवधू, कुलवधू को निर्वस्त्र होते,
भरी सभा में बैठे रहे नपुंसक बन कर,
इस दुष्कर्म के लिये कठोरतम दण्ड मिलना ही था,
हो मेरे पुत्र ईश ने कृपा की,
यह शरशय्या का दण्ड बहुत कम है,
तुम्हारे उसी एक दुष्कर्म के लिये।

संध्या निकट आ रही थी,
भगवान भुवन भास्कर जा रहे थे,
सप्ताश्व रथ पर आरूढ़ अस्ताचल को,
माँ गंगा ने कहा,
वत्स!अनुमति ले लो देव सविता से,
दे दो अंतिम प्रणाम उन्हें मानव रूप में,
फिर नहीं मिलोगे उनसे इस धरती पर,
भीष्म ने किसी तरह शक्ति जुटाई,
कर प्रणाम दोनों हाथों से भगवान अंशुमालि को,
माँगा आशीष मुक्ति का,
स्पर्श उनकी अंतिम रश्मियेां का,
चंडरश्मि दिवाकर दे आशीष भीष्म को,
चले गये अपने लोक को;
तभी आ पहुँचे समस्त पांडव,
लिये साथ में उत्तरा को,
और पपौत्र परीक्षित को,
जिसको जीवन दान दिया था,
श्रीकृष्ण ने अधम अश्वस्थामा के
ब्रम्हास्त्र से बचाकर,
पांडव वंश की रक्षा हेतु,
कर चरणस्पर्श पितामह का हो गये खड़े,
तात ने टूटते स्वर में आशीष दिया सबको,
कर संकेत बुलाया निकट,
उत्तरा को ,परिक्षित को,
गोंद में लिये शिशु को उत्तरा आई पास उनके,

खोल नेत्रों को देखा शिशु को,
संतोष का भाव दिखा तात के नयनों में,
बच रहा था एक दीपक कुरुकुल का,
फिर चली गयी उत्तरा पीछे,
एक-एक कर सभी पांडव आये,
तात का चरण और माथा सहलाये;
अंधकार हो रहा था,
मशालें जला दी गयीं चारों ओर,
वेदपाठी ब्राह्मणों के कंठ से निकले स्वर,
मिलने लगे,घुलने लगे मंद शीतल पवन में,
शरद की रात्रि करने लगी गलन,
अलाव जला दिये गये जगह-जगह,
अधिकतर लोग चले गये,
पास लगे वितानों में,तम्बूओं के भीतर,
आज अंतिम रात्रि थी पितामह की,
उन्होंने त्याग दिया था जल भी,
अन्य सभी लोगों ने निर्णय लिया साथ देने का उनका,
पितामह के पास रुकी थीं माँ गंगा,
और रुके थे पाँचो पांडव एवं याज्ञसेनी,
तात ने संकेत से कहा,
पांडवों को भी जाने को,
माँ के साथ ही बिताना चाहते थे शेष पल।

माँ से कहा पितामह ने,
कुछ प्रश्न और भी बाक़ी हैं,
उनका भी उत्तर दे दो माँ,
मस्तिष्क पर पड़े हुये बोझ से मुक्त कर दो माँ,
अवश्य,जो भी पूछना है पूछ लो,
फिर नहीं मिलूँगी तुम्हें मैं माँ के रूप में,
सावधान इतना अवश्य करती हूँ,
फिर भूल न दुहराना जो किया तुमने,
आठवें बसु के रूप में,
मानव रूप में;
माँ,इस महासमर के लिये,
इस महाविनाश के लिये उत्तरदायी कौन है?
इस बार माँ गंगा कुछ गंभीर होकर बोलीं,
मुख्यरूप से उत्तरदायी तुम्हारे पिता शांतनु और तुम हो,
कुछ उत्तरदायित्व सत्यवती को वहन करना होगा,
पीड़ा की रेखायें तुरंत भीष्म के मुखमंडल पर आयीं,
जिसे देख लिया माँ ने,और
कहा सत्य जानना ही अंतिम है,
सोपान तुम्हारी मुक्ति का,
अतएव चिन्ता मत करो वत्स,
सत्य को जानो,सत्य को पहचानो,
और संदेश दो पांडवों को,
आने वाले युग को।

तुम दोनों पिता-पुत्र के बीच एक और सूत्र रहा है,
दोनों की प्रतिज्ञा का,
एक ने प्रतिज्ञा तोड़ दी अकारण,
दूसरा दृढ़ रहा कारण समाप्त होने पर भी,
तुम्हारे पिता ने मुझसे प्रेम किया,
जानते हुये मैं साधारण मानव नहीं हूँ,
मैं हूँ ब्रह्मांड रचयिता की पुत्री,
महाकाल की सीमा से भी परे,
जब मैनें प्रत्युत्तर दिया उन्हें प्रणय-निवेदन का,
अवश्य ही कुछ विशेष प्रयोजन आ गया होगा
मेरे मन में करने का उनके माध्यम से,
मैंने उनका प्रस्ताव स्वीकार किया था,
इसी शर्त पर वे नहीं प्रश्न करेंगे मेरे किसी कार्य पर,
उन्होंने प्रतिज्ञा की थी,
नहीं कोई प्रश्न करने को मुझसे,
पर उन्होंने प्रतिज्ञा भंग कर दी,
रोक दिया मुक्ति का मार्ग तुम्हारा,
बिना मेरा आशय समझे,
बिना प्रयोजन जाने,
उन्होंने कैसे समझ लिया,
आठवाँ पुत्र ही अंतिम पुत्र है उनका,

वे बहुत सुखी थे,बहुत प्रसन्न थे संग मेरे,
सुख से जीवन यापन कर सकते थे,
यथासमय उत्तराधिकारी भी पा सकते थे,
मेरे जाने के पश्चात जो संयम का परिचय दिया,
सराहनीय है,श्लाघनीय है,
पूरा यौवन बिता दिया,
तुम्हारी चिन्ता करते,
प्रजा की सेवा करते,
तुम्हारे आने के पश्चात जब उन्हें मुक्त होना था,
सांसारिक बंधन से,राज काज से,
व्यवस्था करनी थी तुम्हारे परिणय की,
स्वंय फँस गये एकपक्षीय प्रेमजाल में,
हो गये व्याकुल पाने को,
एक निम्नवर्गीय धीवरबाला,
छोटी थी जो वय में बहुत अधिक,
नहीं प्रयास किया उसका पूरा परिचय पाने का,
नहीं विचार किया परिणाम क्या हो सकता,
भविष्य में,कुल परम्परा में,
एक कुलीन वंशीय नृप का ऐसा आचरण,
अधम था,क्षम्य नहीं;
तुम पिता से भी आगे बढ़ गये,
तुम भी भूल गये भरतवंश की परम्परा,
निकल पड़े पिता का व्याह रचाने,
भूल गये ऋषियों द्वारा दी शिक्षा,
समान गुणवानों में ही वरण होता है,

नहीं प्रयास किया ज्ञात करने का,
जिसे माँ का सम्मान दे रहे हो,
क्या योग्य है वह तुम्हारी माँ बनने के,
धीवर राज था अति चतुर, अति महत्वाकांक्षी,
फँसा लिया तुम्हें जाल में अपने,
बिना बिचारे कर ली प्रतिज्ञा ऐसी,
जिसका कोई औचित्य नहीं था,
हर छोटी-छोटी बात के लिये आते थे तुम,
लेने परामर्श मुझसे,
करने मुझसे चिन्तन,
जब जीवन का एक अद्वितीय निर्णय ले रहे थे,
तुमने उचित नहीं समझा,
पूछना भी मुझसे,
यदि तुमने बात की होती मुझसे,
मैं मत्स्यगंधा का अतीत बता देती तुमको,
स्यात जो कुछ हुआ,
नहीं होता वैसा।

धीवरबाला मत्स्यगंधा बन गयी महारानी सत्यवती,
पुरस्कारस्वरूप तुम्हें वरदान मिला इच्छामृत्यु का,
महाकाल की योजना में व्यतिक्रमण का,
पर अवसर था तुम्हें देव बनने का,
खो दिया तुमने अति उत्साह में अपने,

तुम बन गये अतिसाधारण मानव,
सेवक हस्तिनापुर नरेश के,
पतन की एक और पराकाष्ठा;
जब तुम आये पास मेरे,
सभी निर्णय ले चुके थे तुम,
नहीं छोड़ा कोई अवसर परामर्श देने का मुझको,
रो रही थी मेरी आत्मा,चित्कार कर रही थी,
देख भविष्य अपने पुत्र का,
विवश हो गयी मैं,
एक मूक दर्शक मात्र रह गयी मैं;
तुम भूलते ही चले गये,
गुरुओं की दी शिक्षा,
खोते रहे अवसर अतिमानव भी बनने का,
जब तुमने त्याग दिया था अपना भविष्य,
अपना जीवन,अपना अधिकार,
आवश्यकता क्या थी हस्तिनापुर में रहने की,
अनायास ही चाकरी करने की।

सत्यवती ने दो पुत्र जने,
चित्रांगद और विचित्रवीर्य,
राज्य का उत्तराधिकार उन्हें ही मिलना था,
महाराज शान्तनु को उनका पालन-पोषण करना था;

बढ़ती वय में भोग-विलास ने बना दिया,
उन्हें जर्जर और रोगग्रस्त,
जिसका भार वहन नहीं कर पाये,
हो गये दिवंगत;
माना तुमने पाला-पोसा अपने अनुजों को,
पर उनमें शौर्य नहीं था,पुरुषार्थ नहीं था,
चित्रांगद हो गये खेद गंधर्वों से युद्ध में,
विचित्रवीर्य को राजघराने सम्मान नहीं देते थे,
स्पष्ट है उनकी माँ उच्च कुल की नहीं थीं,
ऊपर से छीन चुकी थीं नैसर्गिक अधिकार तुम्हारा,
उन्हें नहीं मिलता था निमन्त्रण,
किसी भी राजपरिवार से स्वंयवर का,
और यह अनुचित भी नहीं था,
तुम स्वंय जानते हो किसी व्यक्ति का परिचय होता है,
उसकी माँ से,
जैसे तुम हो गंगा-पुत्र,
वह किसी धीवर बाला से कर सकते थे वे परिणय;
तुमने दूसरी ग़लती फिर की,
अपहरण कर लाये काशी नरेश की तीन-तीन कन्यायें,
अम्बा,अम्बिका,अम्बालिका,
बिना ज्ञात किये,
उनकी इच्छा क्या थी?
अति अधम कार्य किया तुमने,
शास्त्रों मे वर्जित कर्म किया तुमने,
नारी जाति का अपमान किया तुमने,

अम्बा प्रेम करती थी शाल्व नरेश से,
दोनों ने निश्चय किया था परिणय का,
तुमने उसका जीवन बर्बाद किया,
जब परशुराम से युद्ध हुआ अम्बा के कारण,
उन्हें पराजित कर गुरुऋण से मुक्त हो सकते थे,
वह भी नहीं कर पाये तुम,
वह ऋण शेष है और शेष ही रहेगा;
विचित्रवीर्य थे निर्विर्य उत्पन्न नहीं कर पाये,
कोई संतान अम्बिका और अम्बालिका से,
नि:सन्तान ही सिधार गये स्वर्ग को,
सत्यवती ने अनुरोध किया था,
तुमसे परिणय करने का,
अम्बिका और अम्बालिका से,
कुरुवंश को उत्तराधिकारी देने का,
तुम्हारी प्रतिज्ञा का औचित्य समाप्त हो चुका था,
माना वे अनुज पत्नीयाँ थीं,पर
देवी अम्बा से तुम परिणय कर सकते थे,
पर तुमने हठधर्मी अपनाई,
आजीवन अविवाहित रहने की,
स्मरण करो तुम्हारी इस प्रतिज्ञा से मिला क्या,
तुमको,हस्तिनापुर को और मानव समाज को?

महाराज भरत ने स्थापित की थी,
परम्परा कुरुकुल में,
यदि कोई योग्य व्यक्ति न हो राजवंश में,
किसी योग्य व्यक्ति को ले दत्तक,
उसे राजपुरुष बना सकते हैं,
तुम सत्यवती को समझा सकते थे,
यह मार्ग अपनाने को पर तुम चुप रहे,
सत्यवती ने अनूठा मार्ग निकाला,
अपने अवैध पुत्र का उपयोग करने का,
जो उपजा था ऋषि पराशर और मत्स्यगंधा के,
अवैध सम्बंधों से और रहता था ऋषि रूप में,
जगत उसे कृष्ण द्वैपायन व व्यास रूप में जानता है;
सत्यवती ने उसे सौंप दी दोनों राजकुमारियाँ,
वह बंदर,भालू,रीछ सा रूप वाला,
अपने पिता जैसा ही था,
नारी संसर्ग का भूखा-प्यासा,
उसने यह भी नहीं सोचा,
दोनों अनुज बधुयें थीं,
वर्जित अग्रज के लिये,
तुम स्वंय विचार करो,
परिणाम क्या होता?
विकृत,दिव्यांग,अवैध संतानें,
और हुआ भी वही।

धृतराष्ट्र और पांडु आये राजकुमार रूप,
एक पुत्र और उपजा दासी से विदुर,
शिक्षा दी गयी तीनों को एक समान,
धृतराष्ट्र नेत्रहीन रहे बुद्धि से भी मंदे,
पांडु थे पीलिया रोग से ग्रसित,
पर स्वस्थ हो हुये शूरवीर और विदुर विद्वान,
शिक्षोपरान्त जब हुये वयस्क,
पांडु को मिली राजगद्दी,
विदुर हुये महामंत्री और धृतराष्ट्र,
अग्रज होकर भी छूट गये,
जो हुआ सो हुआ पर तुम्हारा कार्य,
तुम्हारा उत्तरदायित्व हो चुका था समाप्त,
सत्यवती का भी कार्यभार हो चुका था समाप्त,
नहीं आवश्यकता थी तुम्हें हस्तिनापुर रहने की,
धर्मपथ पर आगे जा सकते थे,
गुरु,शिक्षक बन सकते थे,
स्मरण करो क्या कहा था मैनें,
पांडु के राज्यारोहण के बाद आये थे तुम मेरे पास,
तुम्हें समझ में नहीं आई मेरी बात।

कुन्तीभोज की पुत्री के स्वंयवर में आमंत्रित,
पांडु का वरण कर लिया पृथा कुन्ती ने,

कुछ समय पश्चात मद्यनरेश ने सौंप दी उन्हें,
अतिशय रूपवती भगिनी माद्री,
विदुर का वरण हो गया एक सामान्य कन्या से,
धृतराष्ट्र से वरण को नहीं मिली कोई सुयोग्य कन्या,
तुम्हें पुराना पागलपन फिर आया,
अपहरण कर लाये गांधार पुत्री गांधारी का,
उसे विवश किया अंधे धृतराष्ट्र से पाणिग्रहण करने को,
मुझे कष्ट मिला था बहुत तुम्हारे कृत्यों से,
नृप कन्याओं का,नृपों का और वहाँ की प्रजा का,
बार-बार अपमान करते थे,
कहने को थे तुम पुत्र गंगा के,
कर रहे थे काम तुम गंदा,
धृतराष्ट्र अंधे ही नहीं दुष्चरित्र भी थे,
बता सकते हो क्या कोई स्त्री,
शत पुत्रों को जन्म दे सकती है?
पांडु ने दो पत्नियों से मात्र पाँच पुत्र जने थे,
कहाँ से अकेले गांधारी सौ पुत्र जनती,
धृतराष्ट्र ने दासियों का दुरुपयोग किया,
पर गांधारी ने उन्हें अपने पुत्रों की संज्ञा दी,
सबको कौरव नाम दिया,
अपनी पहचान दिया,
पर जो अपमान सहा था उसने तुम्हारे कारण,
भूल नहीं पाई कभी,नहीं क्षमा किया तुम्हें,
तुम धृतराष्ट्र से भी अंधे हो गये थे नेत्रों के रहते,
कभी देख नहीं पाये,क्या हो रहा था महलों में,

अंतिम परिणित!
तुम्हीं बताओ क्या होती?
महाविनाश तो होना ही था,
और हुआ वही,
अब स्वंय निर्णय कर लो,
क्या तुम उत्तरदायी नहीं हो महासमर के।

माँ,आपने खोल दीं मेरी आँखें,
करा दिया परिचय सत्य से,
मेरे अंतिम पलों में परमसत्य पाने से पहले,
फिर भी कुछ प्रश्न हैं और अभी,
उनका भी सत्य बता दो माँ,
मेरा अंतिम मार्ग सुगम कर दो;
क्या महासमर टल सकता था?
अवश्य!
यदि महाराज पांडु की मृत्यु के पश्चात,
कुंन्ती और पांडुपुत्रों को लाया गया होता,
तुरन्त हस्तिनापुर वन प्रवास से,
उनके राजकीय पद,प्रतिष्ठा और सम्मान के साथ,
महत्वाकांक्षा नहीं पनपती धृतराष्ट्र में,गांधारी में
और उनके हठी पुत्र दुर्योधन में,
पर ऐसा हुआ नहीं,
इसका उत्तरदायित्व धृतराष्ट्र का और तुम्हारा,

पर मुख्य भूमिका तुम्हारी,
धृतराष्ट्र को कोई रुचि नहीं थी अनुज परिवार में,
पर यह दायित्व तुम्हारा था,
तुम भूल गये,भूलते चले गये,
विदुर ने जब कहा कठोर शब्दों में
नींद से तुम जागे,
 पर विलम्ब हो चुका था बहुत,
धृतराष्ट्र प्रभारी नरेश थे,
टिके हुये तुम्हारी शक्ति पर,
पर तुमने छोड़ दिया स्वंय को उनकी इच्छा पर,
उन्होंने बना लिया अपने को निरंकुश,
होने लगा हर अनाचार महलों के भीतर,
महलों के बाहर,
दुर्योधन जैसे-जैसे बड़ा होता गया,
तुम उसके भी चाकर बनते चले गये,
जब युद्ध की स्थिति आ पहुँची,
विदुर ने त्याग दिया हस्तिनापुर,
तुम बन बैठे सेनापति कौरव पक्ष के,
बिना किसी अनुरोध के ;
तुम अपनी प्रतिज्ञा का औचित्य बता सकते हो,
निरर्थक होगा कथन तुम्हारा,
कोई संकट नहीं था हस्तिनापुर पर,
पारिवारिक युद्ध था न्याय और अन्याय के मध्य,
यदि तुम भी विदुर की राह चले गये होते,
शरशय्या पर नहीं सोते,

विचार करो भूमिका अपनी,
संदेश दो आने वाले युग को,
शक्तिवान,सामर्थ्यवान का दुर्बल होना,
कारण बनता है अनर्थ का।

माँ! आप कहती हैं महासमर टल सकता था,
फिर क्यों टला नहीं?
वत्स! मैं कह सकती हूँ यही नियति थी,
पर मैं नियति में पूरा विश्वास नहीं करती,
जैसे तुम्हारी नियति थी मेरा पुत्र होना,
पर जो कुछ हुआ नियति का दोष नहीं,
वह कर्म फल है,
इस जन्म के कर्मों का;
स्मरण करो महाराज सगर को,
उनके पुत्रों की सेना को,
उनकी मुक्ति के लिये यदि प्रयास नहीं किया होता,
अथक और अनवरत,पूर्ण निष्ठा से महाराज भगीरथ ने,
मैं कभी नहीं आती पृथ्वी लोक पर,
क्या ऐसा कोई प्रयास हुआ था,
महासमर रोकने का?
स्मरण करो तुम्हें युग पुरुष मिला था,
श्रीकृष्ण के रूप में,
जो सदैव हाँकता रहा कर्मपथ पर धर्मरथ,

जिसने प्रतिज्ञा की भी परिभाषा समझायी,
उसने प्रतिज्ञा की थी महासमर में मात्र सारथ्य करने की,
शस्त्र नहीं धारण करने की,
पर तुम्हारी प्रतिज्ञा का मान रखने को,
तुम्हारा सम्मान करने को,
उठा लिया रथ का पहिया तुम्हें मारने को,
जब तुम्हारे वाणों की वर्षा रोक नहीं पा रहे थे अर्जुन,
रखी तुम्हारी प्रतिज्ञा नहीं तोड़ी अपनी,
महासमर को टालने के लिये बहुत अवसर आये,
महामंत्री विदुर के अतिरिक्त नहीं और कोई आया,
प्रयास करने,
यदि तुमने अपनी प्रतिज्ञा का वास्तविक अर्थ समझ कर,
 विदुर के साथ खड़े हो गये होते,
धर्मपथ पर,न्यायपथ पर,
यह महासमर नहीं होता,
पर ऐसा हुआ नहीं;
श्रीकृष्ण ने प्रयास किया था संधि का,
पर दुर्योधन था मूढ़ हठी,
तिस पर मिल गया था कुटिल शकुनि,
जल रहा था जो प्रायश्चित की ज्वाला में,
अपने गांधार के,अपने वंश विनाश के,
अंधे धृतराष्ट्र जल रहे थे,
महत्वाकांक्षाओं के दावानल में,
उनका प्रयास भी सफल हुआ नहीं,

और उसकी परिणति,
और क्या होती,
विनाश, महाविनाश।

पुत्र सोच रहे होगे,
मैं सारा दोष दे रही हूँ तुम्हें,
मेरा ऐसा कोई मन्तव्य नहीं है,
दुर्योधन की वास्तविक शक्ति था कर्ण,
यदि कुन्ती ने उसका परिचय दे दिया होता,
जब वह आया था रंगभूमि में,
राजकुमारों के दीक्षान्त समारोह में,
इतिहास कुछ और ही होता,
युगपुरुष अपने विनाश पर कभी नहीं रोता,
मेरा पुत्र शरशय्या पर कभी नहीं सोता,
जो होना था हो चुका है,
अतीत हो चुका है व्यतीत,
अब व्यर्थ है अतीत के लिये शोक करना,
वत्स! रात्रि का तीसरा प्रहर हो रहा समाप्त है,
समय निकट आ रहा तुम्हारे महाप्रयांण का,
समाप्त करो प्रश्नों की श्रृंखला,
यदि कोई अत्यधिक महत्वपूर्ण प्रश्न हो तो,
मात्र एक और प्रश्न का मैं उत्तर दे सकती हूँ।

माँ! बस अंतिम प्रश्न,
क्या मेरा यह जीवन व्यर्थ रहा इस धरती पर?
नहीं पुत्र,तुम्हारा जीवन जा रहा है,
जग को बहुत कुछ देकर,
याद करेगा युग कोई आया था भीष्म सा,
नरश्रेष्ठ जो दृढ़ रहा अपनी प्रतिज्ञा पर,
चलता रहा जीवन के हर झंझावातों में,
अडिग,अचल,बिना थके,बिना हारे,
भीष्म प्रतिज्ञा बनेगी पर्याय तुम्हारा,
सदैव पिता ही त्याग करता है पुत्र के लिये,
भीष्म ही एक ऐसा पुत्र था,
जिसने त्याग दिया अपना जीवन,अपना उत्तराधिकार,
अपना सर्वस्त्र अपने पिता के सुख के लिये,
जिसका जीवन रहा समर्पित मर्यादाओं के लिये,
उठा लिया हर पाप अपने माथे पर औरों को सुख देने को,
युद्धभूमि में भी नहीं डिगा अपने सिद्धान्तों से,
जितना सम्मान दिया अपनी माँ गंगा को,
उतना ही सम्मान दिया सौतेली माँ सत्यवती को,
स्वंय ही अपनी मृत्यु का मार्ग बता दिया,
जिसके हाथों हत होना था,
मात्र इसलिये कि धर्म की जय हो,
था ज्ञात उसे पाडव ही धर्म की रक्षा कर सकते हैं,
पांडवों की रक्षा की युद्ध भूमि में भी,
शत्रुपक्ष का सेनापतित्व करते हुये,

श्रेष्ठ होते हुये सदैव सम्मान किया,
युगपुरुष श्रीकृष्ण का,
धर्म का मार्ग रहे आलोकित,
आशीष दिया धर्मपथ के राही युधिष्ठिर को,
महासमर में विजय का।
ऐसा मत सोचो पुत्र मैं सारा दोष तुम्हें देती हूँ,
या महासमर का उत्तरदायित्व तुम्हें ही देती हूँ,
पर अवश्य तुम्हारे माध्यम से दे रही हूँ,
संदेश आने वाली संतानों को,
प्रयास मत करो भविष्य को,
अपने हाथों में लेने का,
और हाँ, कभी मत करो, मत सहो,
अपमान किसी नारी का।

पुत्र! मैं जानती हूँ तुम्हारे पास हैं,
और प्रश्न अभी बाक़ी,
पर उनको छोड़ो,
समय स्वंय उनके उत्तर देगा,
पर इतना अवश्य कहती हूँ,
यह युग और कुरुकुल समाप्त हो रहा है,
तुम्हारे साथ ही,
तुम्हीं अंतिम चिराग़ हो इस वंश के,

आने वाला युग अलग पहचान लिये होगा,
प्रारम्भ जिसका युधिष्ठिर से होगा,
मुझे दुख बहुत है,
एक महान वंश के ऐसे अर्थहीन अंत का,
जो चढ़ गया भेंट,
मूल्यों के,कुमुल्यों के,महत्वाकांक्षाओं के
और नारी के मर्यादाहरण के,
कहने को बहुत कुछ है,पर
इसे मैं मान लेती हूँ नियति,प्रारब्ध,
इस कुल का।

षष्टम सर्ग-महाप्रयांण

माघ शुक्लपक्ष अष्टमी का ब्रह्म मुहूर्त,
पहुँच रहा समीप था,
महापुरुष का महाप्रयांण,
आ चुका निकट था,
माँ गंगा ने प्रहरियों को आदेश दिया,
पांडव परिवार के सभी सदस्यों को बुलाने को,
तथा अन्य जो लोग आये थे,
उन्हें भी पास आने को,
वेदपाठी ब्राह्मणों की एक अतिरिक्त टोली,
आ चुकी थी रात्रि में ही,
उन्होंने ऊँचे स्वर में प्रारम्भ कर दिया पठन,
सामवेद की ऋचाओं का,
शरशय्या से दूर शिवमंदिर में,
प्रारम्भ हो गया पठन शिवस्तोत्र का,
समस्त देवगण भी आ गये नभ में,
स्वागत करने को पितामह का स्वर्ग में;
पितामह ने बंद कर दिया कुछ भी कहना किसी से,
माँ गंगा से भी समाप्त हो चुका था वार्तालाप,

उनकी आँखें कभी खुलती कुछ पल के लिये,
फिर बन्द हो जा रही थीं,
किसी तरह दाहिना हाथ कुछ उपर उठा कर
आशीष दिया समस्त उपस्थित जन को,
समस्त पांडव गण रो रहे थे,
पितामह को देख कर विदा होते,
माँ गंगा ने कहा शोक मत करो,
न करो रुदन,
जाने दो तात को अपने अनंत पथ पर,
यही अभिष्ट है,
यही महाकाल की है इच्छा,
यही निर्णय स्वंय लिया है तुम्हारे तात ने,
ब्रह्म मुहूर्त प्रारम्भ हो गया,
विदा लेने लगे नभ में तारे,
चन्द्र देव ने भी कर दिया प्रारम्भ,
समेटना वितान अपना,
अपनी शांत,स्निग्ध रश्मियेां को सौंपना,
उषा नागरी को,
जो सूचना दे चुकी थीं अपने आगमन का।

माँ गंगा एक आसन ले बैठ गयीं,
ले लिया पुत्र का सर गोंद में अपने,
जिस पुत्र को कभी नहीं लिया गोंद में,
जब सर्वाधिक आवश्यकता थी उसको,

लगीं सहलाने माथा उसका,
उसका वक्षस्थल,
उपस्थित सभी जन करने लगे प्रदक्षिणा शरशय्या की,
हर नर,नारी ने किया अंतिम चरणस्पर्श,
उस युगपुरुष का,
जिसने सदैव भला ही चाहा था,
अपनी मातृभूमि का,
हस्तिनापुर का,
वहाँ की समस्त प्रजा का;
प्रात: थी शीत भरी,
अलाव जल रहे थे,
उन्हीं का प्रकाश फैल रहा था चरो तरफ़,
उसी प्रकाश में कर रहे थे,
पितामह के अंतिम दर्शन,
प्रहरियों ने गिरा दिये अपने अस्त्र भू पर,
आ गये करने अंतिम दर्शन बुझते दीपक का,
सभी ने किया चरण स्पर्श पितामह का,
दिवंगत होते युग-पुरुष का,
माँ गंगा ने कहा प्रहरियों से,
उनके जल का कलश लाने को,
एवं तुलसी दल लाने को,
प्रहरी दौड़-दौड़ ले आये,
माँ ने अंजुलि में ले अपना जल,
मुख पान कराया पुत्र को,
पुन: उनके मुख में डाल दिया तुलसी दल,

लोग लगाने लगे नारे,
पितामह की कीर्ति के ,यश के,
लोगों के प्रति ममता के,उदारता के,
और भीष्म-प्रतिज्ञा के,
माँ ने संकेत किया सभी को शांत होने की,
पुत्र के कान मे धीरे से कहा,
पुत्र! आगया है क्षण अंतिम बिदा लेने की,
मुझसे,जग से,जीवन से और माँ धरती से,
तुम्हारा मार्ग प्रशस्त हो,
वत्स! शुभास्ते सन्तु पन्थानः,
उपस्थित जन समूह ने देखा,
एक दिव्य ज्योति निकली,
पितामह के तन से,
पल भर को रुकी माँ गंगा के नेत्रों के सामने,
तड़ित वेग से चली गयी नभ को,
बरसने लगे पुष्प निर्झर से,
गगन से।

पुस्तक के विषय में
(About the Book)

देवव्रत भीष्म एक समीक्षात्मक विवेचन प्रस्तुत करती है,उस महान व्यक्तित्व का जो महाभारत युग का महानतम योद्धा था और एक महान व्यक्ति लेकिन सारे गुणों के होने का बावजूद भी वह सबसे असहाय व्यक्ति था।उसने अपने पिता के सुख के लिए अपना सर्वस्त्र वलिदान कर दिया,जिसके बदले उसे इच्छामृत्यु का वरदान मिला था लेकिन यह वरदान उसके अभिशप्त जीवन का सबसे बड़ा कारण बना।

उसने औरों की प्रसन्नता के कई बार ऐसे कार्य किये जो वर्जित थे और उनका दोष भी उसे वहन करना पड़ा।महाभारत युद्ध था तो दो भाइयों में अधिकार और सत्ता के लिये लेकिन इस काव्यगाथा में में जीवन का कोई भी पक्ष अछूता नहीं है।

महाभारत का यह नायक अपनी प्रतिज्ञा और पर दृढ़ रहने के लिये अनंत काल तक याद किया जाता रहेगा।

About the Author

Dr OM Prakash Yadava is a well known author both in Hindi and English languages and about two dozen books authored by him have come out through CreateSpace self publication.He has been touching upon a vast array of areas like mythology,sociology,memoirs,and sociopolitical aspects of the Indian life.

He likes to portray his thoughts and experiences in very simple language of day to day use but expresses facts plainly without any fear or favour.

Some of his important works are Kaikeyi,Karna,Devaki,Dwapar Ki Pida,Richa ,Manasi etc in Hindi and books like A carpet of Wounds,Ecstasy & Agony, Fragrant Soil,Once Again,Will You Ever Meet Me Again etc.in English.

www.ingramcontent.com/pod-product-compliance
Lightning Source LLC
Chambersburg PA
CBHW071406220526
45469CB00004B/1180
9781727620368